CB019925

BUZZ

© 2021, Buzz Editora
© 2021, Flávio Augusto da Silva

Publisher ANDERSON CAVALCANTE
Editora TAMIRES VON ATZINGEN
Assistente editorial JOÃO L. ZUVELA
Revisão LIGIA ALVES, CRISTIANE MARUYAMA
Projeto gráfico ESTÚDIO GRIFO

Nesta edição, respeitou-se o novo Acordo Ortográfico da Língua Portuguesa.

Dados Internacionais de Catalogação na Publicação (CIP) de acordo com ISBD

A923f
   Silva, Flávio Augusto da
   Faça sua pergunta: as melhores respostas para as melhores perguntas / Flávio Augusto da Silva
   São Paulo: Buzz Editora, 2021
   208 pp.

   ISBN 978-65-89623-55-7

1. Administração. 2. Gestão. 3. Negócios.
4. Empreendedorismo. 5. Inovação. I. Título.

2021-2762   CDD 658
                                                     CDU 65

Elaborado por Vagner Rodolfo da Silva CRB-8/9410

Índice para catálogo sistemático:
1. Administração 658
2. Administração 65

Todos os direitos reservados à:
Buzz Editora Ltda.
Av. Paulista, 726 – mezanino
CEP: 01310-100 – São Paulo/ SP
[55 11] 4171 2317 | 4171 2318
contato@buzzeditora.com.br
www.buzzeditora.com.br

Flávio Augusto da Silva

FAÇA SUA PERGUNTA!

Com a evolução da tecnologia, principalmente após o surgimento da internet e dos smartphones, o acesso ao conhecimento se tornou cada vez mais possível a todos. Atualmente, uma imensidão de novas informações e ideias surge a cada minuto, mas, com frequência, nos sentimos incapazes de dar conta e absorver tudo o que realmente interessa. Nas mídias sociais, essa sensação se amplifica ainda mais. Basta deslizar o dedo pela tela do celular para encontrarmos caminhos e temas completamente desconhecidos por nós.

O mundo hoje está tão acelerado que muitos dos melhores conteúdos publicados desaparecem em exatamente 24 horas! Rápido assim! Quantas vezes alguém compartilha algo interessante e, quando clicamos, a postagem simplesmente desapareceu porque já se passou um dia? É um tempo muito curto para um conteúdo valioso. E você se pergunta: "como posso rever essas referências?". Bem, não pode. "Fiquei curioso: o que será que era?" Você nunca vai saber. Quando muito, é possível tirar um print da tela para refletirmos mais sobre aquilo depois, uma vez que, na correria do dia a dia, quase sempre não há tempo para pensar e se aprofundar naquela hora, mas, fora de contexto, o conteúdo acaba perdendo o sentido.

Foi pensando nessa circulação de conteúdos preciosos – e relevantes – que às vezes nos escapam por entre os dedos que criei a coleção *Faça sua pergunta!*. Nela, reunimos as melhores respostas dadas por grandes referências em suas áreas de atuação às melhores perguntas. Com uma curadoria perspicaz e respeitando a curiosidade daqueles que fizeram as perguntas, idealizei esta coleção com o desejo genuíno de contribuir com a reflexão de cada leitor.

Agora você terá todo esse conteúdo em suas mãos para ler, reler, fazer anotações e consultá-lo quando quiser e poderá selecionar todas as perguntas e respostas que têm conexão com o seu momento de vida sem se preocupar em perdê-las, porque elas vão estar sempre com você.

Sou editor há 27 anos e estou orgulhoso por publicarmos uma coleção que irá instigar o livre pensar. Além disso, sinto o mesmo frio na barriga de quando lancei outros livros ousados e de formato inédito no mercado editorial.

Neste volume da série *Faça sua pergunta!*, você irá desfrutar de toda a experiência do Flávio Augusto da Silva, hoje o maior canal de negócios do Brasil nas mídias sociais. Com suas provocações e humor irreverente, Flávio compartilha sua experiência no mundo dos negócios, na carreira e na vida.

Desejo que essas respostas do Flávio o ajudem a encontrar as respostas para as perguntas que já existem dentro de você e que o estimulem a procurar novas e melhores perguntas!

Forte abraço,
ANDERSON CAVALCANTE
Publisher Buzz Editora

Houve uma época em que trechos de livros e revistas eram compartilhados nas redes sociais. Hoje, estamos vendo o caminho oposto, no qual conteúdos valiosos e efêmeros das mídias sociais são registrados nas páginas de um livro. Essa proposta inovadora da Buzz Editora é resultado de uma curadoria criteriosa feita em perfis que usam as redes para produzir conteúdos únicos que nos fazem pensar. Sinto-me muito feliz de fazer parte dessa seleta lista.

As redes sociais, para mim, são a oportunidade de tocar as pessoas. A ideia de ajudar jovens entre 12 e 80 anos de idade a repensarem sua vida e a planejarem melhor o futuro me motiva a investir o tempo, cada dia mais escasso, para abrir esse diálogo com o público, o que me proporciona feedbacks diários, muitas vezes surpreendentes, por meio dos quais conheço diversas histórias animadoras de quem consome nosso conteúdo. Isso me faz pensar: "não posso parar".

Agora, esses pensamentos e conhecimentos vieram parar aqui neste livro. Para mim, seja num livro, numa coluna de jornal, no Instagram ou em qualquer outra rede, não importa. Cada oportunidade que eu tiver para impactar pessoas não será desperdiçada. E você pode me ajudar a ampliar o alcance dessa missão. Que tal dar este livro de presente depois de terminar sua leitura? Se você topar esse desafio, escreva também uma dedicatória recomendando a pergunta que, em sua leitura, o tenha impactado mais.

    Com tantas notícias tristes que lemos nos meios de comunicação todos os dias, precisamos orientar o nosso foco para a construção de nossos projetos de vida junto às pessoas que amamos. Afinal, isso é o que de fato vale a pena.

Boa leitura,
FLÁVIO AUGUSTO DA SILVA

Como você conseguiu levar seu primeiro negócio tão longe?

1. Sabendo vender.
2. Sabendo liderar.
3. Tendo uma gestora ao meu lado.
4. Sempre fazendo tudo de acordo com a lei.
5. Não me acomodando jamais.
6. Reinvestindo muito no negócio.
7. Questionando e inovando constantemente.
8. Com a coragem de assumir riscos desde o primeiro dia.
9. Mantendo a visão orientada para equity.
10. Contando com um time de primeira.

O item número 5 foi o que me permitiu desenvolver minhas habilidades e ter acesso aos conhecimentos dos quais precisei nesta jornada. Ganhei o primeiro milhão no primeiro ano. Muitos já teriam parado por aí.

Como aprendo a gerir minha empresa a distância?

Quando você já estiver dominando a gestão e a expansão do seu negócio presencialmente, com altas taxas de crescimento, e tiver formado executivos de confiança, comece a testar os seus limites geográficos.

Quando você acha que é hora de sair do jogo do lucro e entrar no jogo do equity? Devo buscar isso?

Desde o primeiro segundo da existência da sua empresa...

Me faz um favor? Volta 30 anos no tempo, me procura com 17 anos e me conta o que você está vendo nessa foto. Depois, volta para 2019 e conta para mim a cara que eu fiz? Obrigado.

Já teve dia de querer jogar tudo para o alto e desistir?

Vários, principalmente no início da carreira. À medida que você vai amadurecendo, esse tipo de crise diminui.

Comprar um apartamento no "início" da sua vida financeira/profissional vale a pena?

Penso que não. Explico:
- No início da sua carreira, você precisa de mobilidade. Precisa estar disponível para mudar de bairro, cidade e país. Um imóvel vai te prender.
- No início, sua condição financeira, se tudo der certo, é inferior à condição que você terá no futuro. Logo o seu padrão mudará e você estará preso a um apartamento inferior ao que você gostaria de ter.
- Um imóvel é um ativo imobilizado, ou seja, não líquido. Isso significa que você não conseguirá vendê-lo com facilidade quando precisar.
- No início da vida, acumular capital, além de dar flexibilidade, pode ser importante para você aproveitar boas oportunidades, inclusive para empreender.
- Alugar te dá mais flexibilidade e menores custos, já que o custo do aluguel residencial (geralmente 0,5% do valor do imóvel) é menor que a taxa de juros praticada para financiamento.

Como você tinha tanto know-how com 22 anos? Trabalhava com o que na época?

Os três níveis de know-how são:
- Operacional: conjunto de conhecimentos necessários para gerenciar um negócio local.
- Executivo: conjunto de conhecimentos necessários para gerir um negócio em expansão e/ou em diferentes endereços.
- Estratégico: conhecimentos necessários para a geração de valores institucional e financeiro no negócio.

Com 22 anos, eu já havia trabalhado com sucesso por quatro anos numa operação local, especializada em processos de vendas, liderança e gestão de equipes de vendas em cinco diferentes cidades. Além disso, implantei uma filial da empresa fora do Brasil e passei sete meses no exterior. Do outro lado, Luciana trabalhou na área administrativa da mesma escola, o que completava nossa necessidade de know-how operacional para iniciar o negócio em 1995.

Estou abrindo uma hamburgueria com foco para formar rede. Que conselho você me dá?

- Branding desde o primeiro dia.
- Formato desde o primeiro dia.
- Processos desde o primeiro dia.
- Valide seu modelo e o replique em outros lugares até estar seguro de que tem um modelo vencedor.
- Invista na produção própria de seus hambúrgueres.
- Com marca e produção próprias, decida se vai expandir com franquias ou lojas próprias.

Qual é o maior desafio do empreendedorismo?

O maior desafio acontece no intervalo entre o momento em que você tem a coragem de se desgarrar da manada para trilhar o seu próprio caminho e o momento em que você atinge o sucesso. Entre esses dois momentos, você fica solitário e ninguém acredita em você. Muitos ficam pelo caminho.

Abrir negócio próprio ou franquia?

- Se você tem pouco know-how, uma boa franquia é a melhor alternativa.
- Se você tem pouco know-how, mas muito capital, pode escolher entre uma boa franquia ou uma marca própria.
- Se você tem muito know-how, porém pouco capital, a franquia pode ser uma alternativa segura e a marca própria também, se você arranjar um sócio bastante capitalizado.
- Com muito know-how e muito capital, você decide o que fazer da vida com toda a liberdade.
- Sem know-how e sem capital, vai estudar e trabalhar para aprender enquanto junta um dindim.

Sou empregada mas quero empreender. Qual conselho me daria?

Procure trabalhar em uma área em que você tenha interesse em empreender. Não importa o salário. O que importa é você avançar na sua curva de aprendizagem para começar seu negócio. Até na hora de conseguir um sócio-investidor a experiência na área vai contar para você ter credibilidade.

Como ter visão de longo prazo sendo jovem em um mundo tão imediatista?

A vida não é uma corrida de 100 metros rasos. É uma maratona.

"Se você quer estar acima da média, faça acima da média." Exemplos:

- Questione a linha de montagem: escola, faculdade, emprego, aposentadoria...
- Assuma riscos acima da média.
- Trabalhe mais do que a média.
- Questione os modelos.
- Seja mais ousado, mais ambicioso e mais empático.
- Entre a segurança e a liberdade, escolha ser livre.
- Se tudo mundo estiver seguindo na mesma direção, provavelmente é para lá que você não deve ir.

Tenho uma sorveteria. Qual caminho você me recomendaria: uma fábrica ou franquias?

Sem fabricar, você jamais será o franqueador. Será sempre o franqueado da fábrica que te fornece.

Mas sem escala a conta não fecha. Cresça sem pressa e você vai sentir quando chegar a hora de produzir o seu próprio produto.

> **Nem me responde, desisto, viu.**

Desiste muito fácil. Desperdício…

Só não é rico quem não quer?

Nem todo mundo vai conseguir ser rico por muitos motivos, e não basta querer. Mas a resiliência para resistir aos duros desafios da vida e a decisão de lutar por uma vida melhor, sem depender de ninguém, sem se desviar para caminhos tortuosos, é condição para uma família progredir e ter mobilidade social ao longo de gerações.

Saiba de uma coisa: o mundo é injusto.

Por isso, ignorar as adversidades conjunturais das classes mais vulneráveis e suas dificuldades para sobreviver é tão equivocado quanto tratá-las como meros agentes passivos sem protagonismo e incapazes de vencer a luta por sua evolução.

Os partidos políticos adoram jogar com esses conceitos. Esse é o velho e conhecido jogo sujo do poder.

Por que é dentro de casa que enfrentamos a maior resistência a empreender? Na família.

É natural que as pessoas que gostam da gente sejam superprotetoras e tentem evitar que nos frustremos. Verdade seja dita: empreender é uma atividade de risco.

Além disso, quem tem mais idade e nunca empreendeu tem mais dificuldade de entender como essa forma de vida, sem salários e "garantias", pode funcionar.

O mais importante é você saber que eles te amam e querem o seu bem, dentro de suas limitações. Cada indivíduo tem seus desafios para conquistar credibilidade dentro de sua própria casa.

Comigo não foi diferente.

O que você faz de diferente quando se trata de contratação, já que não é a favor da CLT?

Contrato meus funcionários todos dentro da CLT, como manda o figurino. Fora disso, não vale o risco de ter um passivo trabalhista.

Tenho pena dos funcionários, pois a combinação entre CLT, previdência falida e carga tributária faz com que, na hipótese de um salário de 10, ele custe 20 para a empresa e receba 7 líquidos no dia do pagamento. Desses 7, ainda paga 50% de impostos escondidos em tudo que consumir. Líquido final: 3,5, ou seja, 17,5% dos 20 que custou para a empresa.

Eu preferiria pagar os 20 direto para o funcionário, quase como é nos EUA. Mas a CLT não permite. Então tá...

Sou médico e queria saber em que empreenderia se você tivesse essa profissão.

Eu escolheria uma dor da sociedade e me concentraria nela. Criaria algum novo processo para promover a cura dessa dor. Escolheria um posicionamento com embalagem de classe A/B, produto de classe B e com preço acessível, com esforço, pela classe C. Seria um médico conectado. Teria um perfil no Instagram ajudando gratuitamente meus seguidores a respeito da dor que resolvo. Depois de validar o volume de atendimento em um consultório, trabalharia a expansão dessa metodologia numa região adjacente. Vinte clínicas na região. Para chegar mais longe, faria seminários (nova fonte de receitas) para compartilhar com outros médicos as técnicas desenvolvidas, os resultados clínicos e financeiros do modelo desenvolvido. Faria parceria com os melhores nos cursos para expandir em outras regiões.

    Num país de saúde precária, tem muita dor para resolver.

Ficar no trabalho mesmo insatisfeito ou buscar empreender em algo novo?

Eu sei que você sabe a resposta, mas falta coragem, né?

Como reajustar o preço de pagamento recorrente?

Quando reajusto o preço de produtos com recorrência, como é o caso do meuSucesso.com e do Wise Up Online, garanto aos alunos antigos a manutenção do preço que eles pagam por tempo indeterminado e reajusto somente para os novos, criando, inclusive, um argumento de retenção para a base de alunos que recebe esse benefício.

Muitos clientes pagando pouco ou poucos clientes pagando muito?

Muitos clientes pagando muito e recebendo em troca um valor ainda MAIOR.

25

Qual é o seu QI?

Sei não...
Não gosto de rótulos.
Então, seja lá qual for, não me diria nada.

Quais indicadores você acompanha com maior frequência para a gestão dos seus negócios?

- Vendas por marca (diário).
- Churn rate (mensal).
- Inadimplência (mensal).
- Formas de pagamento (semanal).
- Ticket médio (mensal).
- Ebitda (mensal).

Como fazer para ter recorrência em restaurantes?

- Oferecendo bons produtos e atendimento, o que trará seu cliente de volta.
- Contratos corporativos, assumindo a responsabilidade pela alimentação de seus funcionários.
- Delivery.
- Eventos corporativos e outros.
- Programa de fidelidade. Exemplo: a cada cinco presenças, ganha uma grátis, sem incluir bebida e 10%.

Se você refletir, não precisa ficar só dependendo de quem entra espontaneamente.

Como inovaria se tivesse uma barbearia?

Teria somente clientes mensalistas. Um clube. Criaria um pacote de serviços bem definido: corte, barba, massagem, tintura, entre outros.

O cliente pagaria uma mensalidade e poderia usar à vontade. Igual Netflix. Teria um app e o agendamento seria feito através dele.

Para a conta fechar, a remuneração dos funcionários seria fixa, e seria importante ter um trabalho de vendas forte para chegar ao ponto de equilíbrio. Daí em diante, a operação seria bem rentável.

Para você, quem é o Flávio Augusto?

Sou aquele cara que andava de ônibus cheio e sonhava em se casar com a Luciana.

Flávio, quero ser engenheiro de software. Você acha uma boa? Dá para me tornar rico com isso?

É preciso entender que todos nós somos vendedores, não importa qual seja nossa formação. Se você for um engenheiro de software que vende tempo, por exemplo, poderá ter uma vida boa, com um salário bem bacana, mas, sinceramente, não ficará rico. O motivo é simples: seja qual for sua formação, se você vender a sua HORA, seu dia tem apenas 24 horas. Logo, você não terá escala. O que quero dizer é que, por melhor que seja seu salário, sempre será dimensionado pelo tempo vendido, um produto bem escasso.

    Para ficar rico é preciso vender com bastante escala. Isso é o que vai lhe gerar riqueza. Para isso acontecer, você precisa ter o seu próprio produto, com o qual você alcance escala, margem e recorrência. Como bônus, o equity construído eleva sua escala a outro patamar.

Não sou um engenheiro de software, mas tenho uma empresa de tecnologia (Edtech) com mais de uma centena de profissionais de tecnologia que foram contratados para desenvolver nossos produtos, por meio dos quais estamos em 85 países e em mais de 4 mil cidades do Brasil.

Portanto, reflita sobre o que você quer no futuro e se prepare para isso:

- Quer ser um profissional especializado que vende HORA?
- Quer desenvolver seus próprios produtos que tenham margem, escala e recorrência?

De acordo com sua escolha, prepare-se para atingir sua meta.

Por que não existe PJ em uma empresa formal, auditada e que está construindo equity?

A contratação de um funcionário por PJ representa riscos trabalhistas que são quantificados e identificados como contingências, que geram descontos na avaliação da companhia durante um evento de liquidez da seguinte forma: na hora do fechamento, são feitos ajustes de "despejotização", por meio do gross up dessa despesa, impactando na veia o resultado e, por consequência, refletindo na avaliação da companhia. Em outras palavras, se a sua valuation tiver um múltiplo de 12x Ebtida, por exemplo, o prejuízo gerado pelo gross up de "despejotização" será multiplicado por 12 também. É o famoso barato que sai caro vezes 12.

    Numa empresa pequena, no regime simples, em que o custo de encargos é bem baixo, contratar por PJ não faz qualquer sentido para o empresário. Um único processo trabalhista (e ele vem) pode quebrar um pequeno empresário.

    Todos sabem que sou um crítico da CLT, mas, se você quer jogar o jogo, jogue dentro das regras.

    PS: desculpe pelos termos técnicos. Pesquise o significado deles. Pode ser um bom material de estudo.

    E por que a contratação por PJ representa risco trabalhista?

    A CLT (Consolidação das Leis do Trabalho) é o conjunto de leis que rege as relações trabalhistas no Brasil. Segundo a CLT, se o seu PJ contratado tiver habitualidade (frequenta seu escritório de maneira não eventual), subordinação (tem metas e presta contas para um chefe, estando sujeito às ordens dele), pessoalidade (o serviço é prestado por uma única pessoa) e onerosidade (recebe pagamento pelo serviço), e ele estiver enquadrado em pelo menos essas quatro condições que mencionei, o seu PJ querido será reconhecido pela Justiça do Trabalho como um empregado com VÍNCULO EMPREGATÍCIO.

Uma vez reconhecido o vínculo, o empregador deverá indenizar o seu PJ do coração de forma retroativa, referente a todo o período em que o serviço foi prestado, corrigido pela inflação, com multa, eventualmente com danos morais e com juros durante o trânsito do processo, que pode levar uns seis anos, mesmo que você tenha acordado com ele que todos os direitos já estavam incluídos em sua nota: férias + 1/3 de férias + 13º + FGTS + 40% de multa sobre FGTS + horas extras + reflexos das horas extras + mais multas + eventuais danos morais + reajustes e juros futuros, além de pagamentos retroativos ao INSS e outros custos de honorários de seu advogado e da outra parte.

Um PJ do coração que ganhou R$ 10.000,00 por mês na nota fiscal durante cinco anos, na Justiça do Trabalho receberá de você cerca de R$ 500.000,00 (valores aproximados), podendo ser mais a depender de hora extra, pois certamente você não fazia controle de ponto com seu PJ "de confiança".

PS: não sou advogado e não tenho compromisso com a aplicação dos termos técnicos do juridiquês. Para mim, o importante é você entender o conceito.

De 0 a 10, qual é a importância dos relacionamentos para você, Flávio?

1. Para fazer negócios: como a natureza dos meus negócios é majoritariamente B2B, não considero que o chamado "networking" seja fundamental.
2. Para gerir o negócio: relacionamentos construídos com base em lealdade e compromisso são imprescindíveis. É com esses valores que construo minhas equipes.
3. Com a família: relacionamento é tudo. Com o cônjuge, com os filhos e os amigos, o tempo é o ativo a ser investido.

Aliás, em todos os casos, não existe relacionamento sem investimento de tempo.

Você começou de baixo?

Depende do referencial. Nunca passei fome, mas entrei em um restaurante pela primeira vez com 19 anos. Estudei em escolas públicas em grande parte do tempo e andava de ônibus e trem lotados durante horas todos os dias. Certamente tinha gente muito pior do que eu, mas, como todo jovem da periferia, eu sonhava em mudar de vida, e sabia que não podia contar com nenhuma herança.

O que você acha dos ditos "concurseiros"?

Pessoas em busca de seus sonhos que acreditam no sistema e depositam na máquina pública a sua esperança. Muitos deles são atraídos pela estabilidade, que está com os dias contados.
   O Brasil precisa de bons funcionários públicos.

Sol ou chuva?

Muita chuva para comprar.
Muito sol para vender.

Quero ser rico, mas estou na merda. Por onde começo?

Esqueça essa coisa de ficar rico. Organize sua vida e se dedique a ser bom em resolver algum problema para a sociedade que as pessoas vão te pagar felizes pela solução. Aí, com a escala desse trabalho, sua chance de ficar rico aumenta muito.

Em sua visão, qual é a importância de um relações-públicas em uma empresa?

É importante, mas vem dividindo espaço com a gestão de redes sociais.

Como você organizava suas férias no início?

Tirei minha primeira SEMANA de férias depois de dois anos e meio de ter aberto a Wise Up.

A partir de sete anos de empresa, passei a me organizar assim:
- Dez dias entre 23 de dezembro e 2 de janeiro.
- Férias de uma semana, duas vezes ao longo do ano.
- Uns quatro fins de semana estendidos – de quinta a domingo ao longo do ano.

Tanto os fins de semana quanto as semanas que escolho para férias são sempre durante semanas com feriado porque são menos produtivas e ideais para me ausentar.

Empreendedor construindo sua empresa não pode ter mentalidade sindical.

Hoje em dia, eu posso sair quantas vezes quiser.

Você acha que a tecnologia vai diminuir o salário dos médicos no Brasil em um futuro próximo?

Em dez anos, a tecnologia vai substituir muitos postos de trabalho em todo o mundo.
   Empreender será a resposta para muitos.

Você deixaria de contratar alguém por uma opção política divergente da sua?

Na hora de contratar, não me preocupo com a opção política do candidato. Depois de contratado, se ele foi improdutivo e/ou descompromissado, simplesmente será demitido, seja ele de esquerda ou de direita. Tenho funcionários de direita e de esquerda excelentes.

Você tem 1 bilhão para me emprestar? Kkk

Vou pensar. Volta amanhã.

Sente que o ego pode estragar tudo?

Aonde o ego chega, a sensatez vai embora.

40

Qual é o motivo de um bilionário continuar trabalhando? Você é um exemplo da pergunta.

Essa dúvida é típica de quem ainda não percebeu que trabalho não serve só para pagar contas.

Você fala que não existe estabilidade. Mas hoje você tem ou não estabilidade?

NÃO. Posso morrer hoje, amanhã, semana que vem... se nada disso acontecer, um dia eu não escapo. Pode haver uma guerra e o dinheiro não valer mais nada, posso cometer erros e quebrar...
ESTABILIDADE NÃO EXISTE.
Essa certeza me ajuda a ver a vida de forma diferente e a ter convicção sobre a transitoriedade de nossa existência. Isso me traz outra perspectiva do risco. A vida é um risco por si só. Não há escapatória, logo, não há o que temer. Vou aproveitar cada segundo.
Buscar estabilidade neste caos inevitável é negação.

O que uma venda precisa ter para ser bem-sucedida?

O que me veio à cabeça:
- Conexão com o cliente.
- Leitura do perfil do cliente e dos seus porquês.
- Apresentação contagiante abordando os porquês dos clientes.
- Racional financeiro comparativo com concorrentes.
- Racional quantitativo de valor e financeiro e concreto a médio prazo para o cliente.
- Racional quantitativo de valor intangível do cliente.
- Postura sem ansiedade e no controle da situação.
- A mesma lógica pode ser aplicada para processos de venda online.
- Seja verdadeiro e honesto.
- Vendeu? Comemore rápido, comece tudo de novo e não se acomode.

Você tem iate?

Respondi algo similar recentemente. "Ter" é absolutamente irrelevante atualmente. O mais importante é ter acesso. Eu gerencio ativos líquidos. Não me interessa administrar bens, marinheiros, seguros, pilotos, depreciação, combustíveis, licenças etc.

Quando eu quero e onde eu quero uso um iate, um jato, um helicóptero ou qualquer outro bem. A vida assim fica leve, o dinheiro não vai para o ralo e o principal: não perco tempo com probleminhas gerados por bens que se depreciam.

Qual é a sua comida "brasileira" preferida?

Arroz e feijão. Feijão em cima, é claro!

O que é essencial, imprescindível para o crescimento de uma empresa?

Bem rapidinho.
Para sobreviver:
- *Vendas.*
- *Bom produto.*
- *Bom relacionamento com clientes.*
- *Gestão de fluxo de caixa.*

Já trabalhou sem receber dinheiro por um tempo?

Esse conceito de trabalhar em troca de "receber" dinheiro carrega implicitamente um significado proletário. Eu já me desvencilhei dessa cultura faz tempo, desde que meu foco passou a ser a construção de equity. Desde então, não trabalho mais em troca de "receber" dinheiro. Trabalho para construir algo de valor bilionário que um dia será monetizado. Essa é a essência do equity.

É claro que no início não é assim, mas ter esse objetivo é muito bom para seguir uma jornada de construção de riqueza.

Me explica como fazer R$ 1.000.000 virar 30M em 2 anos? Quero aprender.

Criando uma empresa com um modelo de negócios que necessariamente tenha escala, recorrência e margem.
A combinação desses fatores, quando bem executada, em pouco tempo multiplica exponencialmente os ganhos.
É a síntese do que eu faço em meus negócios. Infelizmente não cabe em poucas linhas.

Como não deixar se abater quando as vendas caem?

Primeiro, as vendas nunca caem. Você é que performou mal.
Segundo, estar motivado quando tudo vai bem qualquer um consegue. Agora, se encher de determinação para virar o jogo no meio da tempestade, poucos se dispõem a isso.

Como saber que chegou a hora de dar o segundo passo, que seria a segunda loja?

Seu sucesso precisa ser incontestável na primeira. Ou seja, tanto na aprovação de seu produto ou serviço quanto nos resultados financeiros.

Você precisa ter manualizados os seus processos operacionais, bem como seus sistemas de gestão e tecnologia precisam estar bem parametrizados para a expansão.

O crescimento da sua empresa deve estar casado com o crescimento de profissionais e executivos em seu plano de carreira. Ter uma equipe treinada para expandir é a chave para seu sucesso.

Você, como líder, será desafiado a atuar em outro nível, tanto na gestão e na manutenção da performance da primeira loja quanto na gestão a distância da segunda.

Sucesso!

Olhando para trás, o que mais valeu a pena na sua vida?

Sonhar e realizar.

48

Quais são os critérios para uma empresa fazer um IPO?

Dentre outras, para uma oferta atrativa, estas são as cinco recomendações de que me recordo no momento:
- Empresa com boa governança e management qualificado.
- Empresa auditada nos últimos três anos por uma big4.
- Ter um claro plano de expansão e geração de valor para os investidores.
- Estruturar um departamento de RI (Relações com Investidores).
- Ter em torno de 200 milhões/ano de resultado operacional para atrair investidores institucionais e se tornar interessante a fim de gerar liquidez diária.

Esse é o tema sobre o qual mais leio e estudo no momento.

O que é inteligência para você?

Capacidade de conectar pontos através do nexo a fim de resolver problemas e criar novos caminhos.

Você trabalha nos fins de semana? Se sim, em quais dias e quantas horas por dia?

Sou livre. Não sigo padrões. Posso trabalhar domingo ou feriado, assim como posso estar em qualquer lugar do mundo numa segunda-feira, trabalhando ou passeando na hora que eu quiser. Não trabalho para o relógio nem para o calendário. Trabalho por resultados.

Como ganhar dinheiro?

Como ninguém pensou nessa pergunta antes?

Como saber se a sua ideia tem fundamento?

Faça pequenos testes. Nada é na orelhada em negócios. Ou você faz pesquisas e testes, ou ambos. Depois de tudo, teste de novo. Começou a empreender, faça novos testes. Deu certo? Continue testando. Daqui a vinte anos? Você deve testar a todo momento se não quiser ficar para trás.

Como lidar com a família que prende seu crescimento?

Todos, um dia, passamos por isso. Chega uma hora em que amadurecemos e assumimos o nosso próprio caminho.
A maturidade também traz coragem.

Com quem aprendeu sobre o conceito da boiada? Quando percebeu que havia um padrão?

A primeira vez que percebi que existia um padrão foi em 1985, quando terminei a oitava série numa escola onde todos nós fazíamos concursos para escolas militares. No final daquele ano, quem não passava desistia e seguia para o ensino médio. Decidi não ir para o ensino médio para me preparar para o concurso novamente. Na terceira vez, consegui passar e me perguntei: "Por que as pessoas desistem e têm medo de arriscar um ano de sua carreira acadêmica?".

Esse mesmo padrão ocorreu quando trabalhei com vendas, quando abri minha primeira empresa, quando larguei a faculdade, quando me casei aos 20 anos, quando vendi minha empresa, quando recomprei etc, etc, etc.

O padrão é sempre o mesmo.

Teoria × prática: qual é a porcentagem para vencer?

20% teoria.
80% prática.

Comecei meu próprio negócio a (*sic*) seis meses. Tem alguma dica para me ajudar a crescer?

Tenho sim!
Tempo futuro: a.
Exemplo: Daqui a seis meses vou começar o meu próprio negócio.
Tempo passado: há.
Exemplo: Comecei meu próprio negócio há seis meses.
Comunicação é a ferramenta básica de liderança e é fundamental para seu crescimento.

Pensa em sortear 10 milhões pelo Instagram para seus seguidores?

Sem resposta, rs.

56

O que deixar claro no início de uma sociedade?

Estes termos devem ser definidos num documento chamado de "acordo de acionistas":
- Quanto tempo cada um vai se dedicar ao trabalho.
- Remuneração de cada um na função exercida.
- Performance de cada um em sua função.
- Metodologia de avaliação da empresa predefinida em caso de separação da sociedade.
- Tag along.
- Critérios para tomadas de decisão e resolução de conflitos em impasses.
- Se a sociedade tiver um majoritário, ter os vetos dos minoritários definidos.
- Direito de preferência em caso de venda de ações.

Qual é o segredo para uma empresa funcionar perfeitamente sem o dono?

Uma empresa jamais funcionará perfeitamente. Nada é perfeito.

Sem o dono, menos ainda.

PS: não confunda as coisas. Gestão a distância é bem diferente de ausência na gestão.

Flávio, qual é o momento de largar o emprego e seguir empreendendo?

A resposta mais honesta possível é: quando você tiver coragem.

Mas não é uma decisão fácil, pois envolve riscos. Logo, a pergunta que você também deve se fazer é: "Onde estou agora, vou alcançar o que quero?".

Se a resposta for não, o fato é que você também está correndo riscos graves onde está agora.

Não tem fórmula, campeão. Você sabe onde seu calo aperta e sabe aonde quer chegar. É contigo.

O que preciso saber antes de comprar uma franquia? Quais perguntas fazer? O que analisar?

- Quem é o protagonista por trás da empresa?
- Qual é o histórico de sucesso da rede?
- Quantas franquias fecham por ano?
- Quais são os diferenciais dos produtos?
- Qual é o time de suporte?
- Converse com três franqueados da rede.
- Leia a COF (Circular de Oferta de Franquia).
- Planos de expansão e lançamento de novos produtos.

Como reagir quando seu chefe é fofoqueiro e mau caráter?

Troca de chefe com urgência.

Você já gritou com seus filhos?

Sim. Ele arregalou os olhos e não conseguiu conter o choro. Eu me senti um lixo ao ver minha incompetência e falta de paciência flagradas diante de quem mais me admira e eu mais amo.

Não demorei mais que alguns segundos para me desculpar e abraçá-lo.

Quando seus filhos presenciam seus erros, mas observam que você logo os corrige e não os repete, sua relação com eles é humanizada e fortalecida, além de ensiná-los a se retratar diante de suas falhas com rapidez.

Baixe o seu tom de voz.

Não demore para corrigir seus erros.

Você faz forecast de cinco ou sete anos para a frente dos seus negócios?

No máximo dois anos com alto grau de acuracidade. A partir daí, há variáveis tecnológicas, novos produtos, oscilações macroeconômicas e novas oportunidades sem muita previsibilidade. Colocar no Excel só para inglês e analista de fundos de investimentos verem às vezes é necessário para eles "check the box", mas a real é que o mundo de hoje é tão dinâmico que tudo muda o tempo todo.

Tempo bom para empreender!

Qual é a importância do plano de negócio para quem está começando?

FUNDAMENTAL.

Não precisa ser um documento formal, um projeto bonitão ou algo dentro de formatos acadêmicos.

Pode ser num papel de pão, no celular ou até mesmo num caderno. Você precisa saber onde está e para onde está indo. Você precisa ter um plano.

Sem um plano, você está perdido e tentando a sorte.

Mercado de serviços com RPAS/drones é uma boa?

Estratégia rapidinha sem pensar muito: no mercado de drones, vejo uma oportunidade de investir em segurança contra drones. Pense comigo: um drone pode carregar uma bomba e a lançar sobre um estádio cheio, sobre uma hidrelétrica, prédios públicos, Câmara Federal, STF, Palácio do Planalto, aeroportos etc. Fora que pequenos drones podem espionar, tirar fotos indiscretas ou até ouvir conversas confidenciais.

Eu investiria em pesquisar formas de desabilitar a frequência de rádio que controla drones num determinado raio ou até mesmo ter drones com inteligência artificial para fazer segurança e serem acionados se drones não autorizados se aproximarem, a fim de abatê-los.

Venderia planos residenciais para pessoas comuns, planos para empresas, celebridades, prédios públicos e instalações com periculosidade, como refinarias de petróleo, usinas nucleares etc.

Faturamento recorrente e patentes das tecnologias desenvolvidas. Nada mal...

Como lidar com invejosos?

A vida do(a) invejoso(a) é muito difícil. Ele(a) é quem tem que se preocupar em como lidar com o seu sucesso. Você, não. Cuide da sua vida, continue crescendo e tenha misericórdia do(a) invejoso(a). Ele(a) sofre muito por sua alegria.

Por que diversas empresas de sucesso não se tornam bilionárias?

O principal motivo é porque operam com um modelo de negócios desfavorável. Mesmo com sucesso e com executivos e acionistas bem aplicados, geram um valor abaixo de seu potencial por conta de seu modelo de negócios.

A arquitetura do modelo de negócios precisa ser orientada para a geração de valor, ou seja, para o crescimento de seu equity.

O modelo de negócios fará a diferença, com o mesmo esforço, para que a empresa possa chegar a um valor bilionário em seu valor de mercado ou permaneça na média ou abaixo dela.

O que você faria se fosse um dentista? Iria abrir uma franquia?

Se eu fosse um dentista, eu faria o que posso fazer agora sem ser dentista.

Posso abrir uma clínica, posso vender plano de saúde em uma rede credenciada, posso criar uma marca e vender franquias ou posso ter uma rede própria de consultórios com sócios-operadores recém-formados que seriam treinados em um centro de treinamento com profissionais experientes, ou poderia criar um produto popular de ortodontia.

Logo, em qualquer hipótese, ser ou não ser dentista não faz a menor diferença.

Essa é a beleza do empreendedorismo.

Trocaria um emprego CLT por um sonho de consultoria em projetos?

Com todo o respeito à sua pergunta, inclusive aos mais de 10 mil funcionários de minhas empresas, eu jamais teria (como nunca tive) um emprego CLT. Preferiria vender picolé na praia até juntar capital para um projeto melhor.

Mas se, por falta de alternativa, aceitasse um emprego CLT, teria claro na minha cabeça que isso seria provisório.

Motivo?

Você fica refém de um modelo medíocre a quem confia seu FGTS, que te obriga a ter uma previdência estatal, quando você poderia ter uma privada, que te arranca dinheiro para o SUS mesmo que você tenha plano de saúde e que te faz custar para a empresa o dobro do que é seu salário, que te entrega um líquido +30% menor e ainda, depois de receber, pelo modelo tributário, te faz pagar 50% de impostos embutidos nos produtos.

Preferi me desgarrar desse modelo.

Tenho graduação em jornalismo. O MBA em gestão empresarial é um primeiro passo para open business?

Lamento te informar, mas não é. Abrir um negócio nada tem a ver com diplomas. Tem muito a ver com experiência profissional PRÁTICA, aliada a uma boa dose de coragem e visão.

Como buscar financiamento público para sua empresa?

Uma de minhas maiores felicidades é poder dizer que NUNCA, JAMAIS entrou um centavo de dinheiro público em meus negócios.

Em minhas empresas, é proibido fechar contratos com prefeituras, órgãos públicos e o governo. Trata-se de clientes que não são bem-vindos.

Quais os passos legais para começar a franquear?

Ter um bom contrato de franquias e uma COF. Esses são os passos legais.

Se você tiver isso, já terá 0,5% do que é necessário para o sucesso da sua rede. Vão ficar faltando só os outros 99,5%

E o que são esses 99,5%? Seis elementos, rapidinho:
- Ter uma operação comprovadamente bem-sucedida há pelo menos cinco anos.
- Sua operação deve ter total controle por softwares de gestão, a fim de ter escala.
- Todos os seus processos devem estar formalizados e manualizados.
- Sua empresa deve ter uma mentalidade de expansão e voltada para formação, treinamento e gestão de franqueados.
- Investimento massivo de sua marca nos meios de comunicação.
- P&D – investimento no desenvolvimento de novos produtos.

É possível ficar rico estudando?

Só estudando, claro que não.

Estudar não basta. Você fica rico trabalhando e pelo que você vale. Você vale pelo que produz. Você produz por sua capacidade de transformar o seu conhecimento em RESULTADOS.

Ou seja, seu conhecimento oriundo de seu estudo, SEM RESULTADOS, não vale absolutamente nada. É como um baú cheio de diamantes, só que perdido no fundo do mar.

Outro ponto importante: estudar NADA tem a ver com acumular diplomas. Estudar é o processo constante e diário de se atualizar, pesquisar e aplicar no seu dia a dia.

O "estudo" oferecido pelo sistema formal educacional, mesmo nas melhores faculdades, é fraco e insuficiente.

Ser para ter OU ter para ser?

Ninguém É nada porque TEM alguma coisa. É óbvio que a sociedade hipócrita vai dar tapinhas nas costas de quem TEM, mas isso não significa nada.

Por outro lado, quando você É, você FAZ. E, quando FAZ, você TEM.

Logo, TEM quem FAZ. E se TEM é porque FEZ (a menos que seja herdeiro ou corrupto). Agora, para FAZER, tem que SER.

SER o quê?

Dedicado, resiliente, perseverante, visionário, focado, intenso, positivo, questionador, ousado, corajoso. Ser alguém que tem tolerância ao risco e alguém fora do padrão do sistema e que cria os seus próprios caminhos. Até porque, se eu fosse alguém que tivesse se submetido ao modelinho convencional do sistema, não FARIA nada. Logo, também não TERIA.

Pode me explicar por que estabilidade não existe? Nem para quem passa em concurso de 15K?

Concurso?
15K?
Primeiro a estabilidade, essa a que você se referiu, está acabando. A lei muda. Simples assim.
Segundo, 15K é muito pouco – eu sei que a maioria não ganha isso –, mas quem descobre o seu potencial para fazer negócios acaba com seu horizonte de ganhos bem maior que esse.
Para finalizar, estabilidade não existe porque tudo no mundo se deteriora. É a entropia (pesquisa). Nada é garantido. Todos morreremos, sem exceção.
Ninguém escapará vivo daqui.

Meu principal concorrente é "forte". Devo mesmo assim empreender na mesma área?

O mercado brasileiro não é um jogo de soma zero. É um mercado virgem. Tem muita gente nascendo, muitos se mudando para os grandes centros e há sempre espaço para a inovação. A propósito, concorrentes grandes são lentos e empresas menores são ágeis e mais abertas a novidades. Faça uma rápida pesquisa e veja quantas marcas de escolas de inglês existem… se eu pensasse nisso, nem saía de casa.

    Deixe que eles se preocupem com você.

Por causa das prioridades, hoje me sinto velha para iniciar uma faculdade.

Fica tranquila. Eu também tive outras prioridades e não fiz nenhuma faculdade. Não me faz falta.

Qual é o significado do dinheiro para a essência de tua alma?

Não sejamos hipócritas. Dinheiro é bom. Ele facilita nossa vida, abre portas e nos dá acesso a lugares e circunstâncias bastante confortáveis.

Também não nos iludamos. Tá cheio de rico chorando sozinho em seu quarto logo que o efeito do seu antidepressivo termina.

Não há virtude alguma na pobreza ou vergonha na riqueza. Largar a família não é requisito para ser rico, tampouco pobreza é consequência da honestidade.

Trabalhar para melhorar de vida é sua obrigação moral consigo mesmo e seus filhos. Trabalhar é um excelente preventivo para sua saúde emocional.

Trabalhar é bom!

O que você faria se tivesse uma hamburgueria delivery?

Uma estratégia bem rapidinha: criaria uma página no Instagram só para contar as histórias bem-sucedidas de seus clientes. Todas as suas conquistas e projetos. Os clientes no centro, enquanto contam, degustam seu hambúrguer em casa, mostrando como chega quentinho e com embalagem diferenciada. Mas o centro do conteúdo seria o cliente e não o hambúrguer.

Com esse material produzido e exibido em seu perfil e vídeo completo no IGTV, faria Facebook Ads (no Instagram também) para impactar toda a região em que você faz delivery, usando a chamada: "Quer contar sua história? Inscreva-se aqui e a gente mostra pra todo mundo". As pessoas gostam de palco e querem mostrar suas vitórias.

Todo mundo que clicou e assistiu seria "cucado" e receberia o remarketing com ofertas específicas, captando leads.

Com os leads, você faria promoções para bombar suas vendas.

O que faria se fosse pedagogo? Escola, clínica ou empresarial?

Toda vez que alguém me faz perguntas como essa, procuro ter muito cuidado, porque minha resposta estaria sempre vinculada a minha visão de mundo, que nem sempre será igual à de muitas outras pessoas.

Eu costumo dizer que SUCESSO NÃO TEM ÁREA. Ou seja, em minha visão de mundo, eu JAMAIS ficaria limitado a uma área específica ou ficaria preso a meu diploma.

Experimente abrir o leque para outras possibilidades. O CFO do meu Family Office é engenheiro. Tenho pessoas formadas em teatro trabalhando na área de ensino.

Tenho também advogados trabalhando na área comercial. SUCESSO NÃO TEM ÁREA.

Não se limite.

O problema sou eu ou meus pais?

Um conselho, amigo: traga sempre a responsabilidade para você. A culpa pode até não ser sua, mas traga a responsabilidade para suas mãos. O motivo é simples: a solução também estará em suas mãos sem depender de ninguém.

Num mundo onde ninguém assume suas responsabilidades e muitos estão sempre tentando colocar a culpa em terceiros por seus fracassos, quem age assim como sugeri estará sempre um passo à frente.

Quais critérios ou itens você usaria para determinar um ponto comercial?

- Defina o seu público e busque uma região que tenha uma grande concentração dele.
- Busque um local de grande densidade demográfica, comercial ou residencial e com grande fluxo de passantes em frente a sua loja.
- Imóveis de esquina e nas principais vias de acesso são desejáveis.
- Faça um projeto de identidade visual com impacto, de acordo com o perfil de seu público-alvo.

Você acha muito difícil construir um império de fast-food assim como os das grandes marcas mundiais?

Sinceramente, não. Existem o modelo de negócios adequado, a estratégia correta e a disposição de construir a rede por décadas.

O ambiente onde estamos inseridos determina nossos resultados?

Influencia, mas não determina.
Somente nossas escolhas, inclusive a de limitar a influência do ambiente, determinam nossos resultados.

O que te faz vir aqui responder a tantas perguntas?

Boa pergunta. Tenho algo a dizer. Sei que serei ouvido. Sei que posso ajudar. Faço isso há oito anos e meio.

Se estivesse começando, gostaria de ter uma referência. Às vezes é só isso que falta para um jovem iniciante.

Poderia dizer que faço isso de graça, mas talvez eu seja o que mais ganha aqui. Não dinheiro, mas muita coisa que o dinheiro não compra.

Por isso estou aqui.

O empreendedorismo pode salvar o Brasil?

SIM. É a única saída. Hoje, 70% dos empregos são gerados por pequenas empresas.

Vendas é mais persuasão ou técnica?

Profissionais vendem com técnica.
Para eles, a persuasão é resultado disso e não SOMENTE de carisma e um sorriso no rosto.

Quero empreender e a esposa não contribui. O que fazer?

Reflita no que você está errando. Se empreender é bom e dá um retorno acima da média do mercado de trabalho, só há uma razão: ela não acredita em você. E não é culpa dela. Você que não transmite a confiança e a segurança necessárias.

Que tal começar a demonstrar alguns pequenos resultados que evidenciem sua capacidade de empreender?

Se não consegue convencer sua própria esposa, que será a maior beneficiada, como convenceria funcionários a depositarem seu futuro em suas mãos? Como convencer clientes e fornecedores a lhe darem crédito?

Não fique bravo.
Reflita onde você está errando.

DRE positivo, mas fluxo de caixa negativo, pois abriu sem capital de giro. Como reverter?

Retrato da realidade de muitos, porém perigoso. Maior razão da quebra de 80% das empresas que fecham suas portas nos primeiros cinco anos de existência: desencontro de caixa.

Solução: traga um sócio para a operação que injete caixa. O DRE positivo pode ser atrativo.

Venda. Traga capital de seus clientes para o negócio. Venda.

Refinancie imóvel. Fonte mais barata de capital. Faça isso somente se acredita em seu negócio.

Sucesso!

Vender fé e empreendedorismo não são a mesma coisa?

Não sei a que você se refere com "vender fé". Presumo que seja alguma atividade religiosa usada por quem deseja ganhar dinheiro de fiéis de determinada religião.

Sobre empreendedorismo, eu não o vendo. Eu estimulo pessoas comuns a deixar de seguir a linha de montagem a fim de não serem um a mais na multidão. Não vendo isso. Mas eu vendo algumas coisas. Vou enumerar:

- Vendo curso de inglês.
- Vendo material didático.
- Vendo franquia.
- Vendo know-how em troca de royalties.
- Vendo livros no mercado editorial.
- Vendo assinaturas.
- Vendo eventos.
- Vendo patrocínio de eventos.
- Vendo equity em minhas empresas para fundos de investimentos.

Eu podia até vender estas respostas que dou aqui, mas isso eu faço de graça.

Uma dica para quem está no fundo do poço?

Primeiro, tenha consciência de que no fundo do poço existe o ralo do poço, o esgoto do poço e outros níveis ainda piores que eu nem conheço. Tudo pode piorar, principalmente para quem se entrega à autopiedade.

Segundo, você é jovem. Também pode virar o jogo. Deixe as lamentações de lado, pare de achar culpados e seja pragmático no seu plano de ação para sair daí antes que você tenha que conhecer o ralo do poço.

Como herdeiro, como fazer que o fundador ceda e abra espaço para seu trabalho?

Eis o dilema…

Sou a favor de resolvê-lo muito antes que isso possa acontecer: vendendo a empresa.

Toda empresa tem apenas três destinos possíveis:
- Quebrar: não é aconselhável.
- Ser herdada: quem disse que o filho será competente ou terá interesse específico no seu negócio?
- Ser vendida: com liquidez, você tem liberdade de escolha, inclusive para investir no projeto de seu filho.

Sou a favor de dar aos filhos educação, apoio e mentoria para que eles criem ou façam aquilo que quiserem de suas vidas.

Algum arrependimento?

Vários. Arrepender-se é comportamento de gente inteligente. Só os orgulhosos dizem não se arrependerem, mas também não aprendem com os erros.

Como superar um mercado saturado?

Não existe mercado saturado que resista a uma inovação.

Trabalhar muito é necessariamente trabalhar muitas horas por dia?

Trabalhar muito é ser produtivo. Trabalho é RESULTADO. Não tem resultado, não trabalhou. Pode ter até se esforçado por horas, se dedicado e até tentado muito com a melhor das intenções, mas, sem resultado, só houve agitação, mas não trabalho.

O motorista de táxi está trabalhando quando seu taxímetro está ligado. Se ele roda o dia inteiro e não ligou o taxímetro, não trabalhou.

Quem quer empreender deve invariavelmente, em especial no começo, ser bastante produtivo e fazer isso por muitas horas, todos os dias.

Flávio, você encontrou dificuldades em administrar seu tempo?

Isso sempre será um grande desafio. A gestão de tempo confronta diretamente a nossa competência, pois o dia só tem 24 horas para todos e isso é inegociável. Não há nada a fazer para aumentar essas 24 horas, mas é possível torná-las aproveitáveis.

Sobre esse tema, sempre pensei em duas coisas:

- Toda vez que me enrolava com o tempo, eu pensava em grandes empresários que tinham muito mais a fazer do que eu, então concluía: preciso evoluir.
- Se falta de tempo fosse desculpa para não tirarmos nossos planos do papel, somente desocupados teriam sucesso.

Você virou gerente com 20 anos e diretor com 21! Contrataria hoje gestores nessa idade?

Não, assim como não fui contratado como gerente e diretor. Comecei de baixo e fui promovido em função de meus resultados. Agora, também tenho gestores igualmente jovens que atingiram seus cargos por competência.

Resultados valem mais que a idade.

Você já foi vida louca?

O que você chama de vida louca?

Beber, cheirar e não ter hora para chegar? Sério?

Quero ver abrir uma empresa com cheque especial. Quero ver construir um estádio, garantido com seu patrimônio pessoal. Quero ver recomprar uma empresa no meio da recessão e impeachment. Isso sim é vida louca.

Encher a cara e cheirar pó qualquer um faz.

Qual é a sua opinião sobre paredes coloridas e piscina de bolinhas, tão utilizadas pelas startups?

Sinceramente, acho legal, divertido e até interessante, mas não é isso que define os resultados da companhia ou que retém talentos.

Ter um ambiente exótico e alegre pode ajudar, mas não define. O que faz a diferença mesmo é a sua capacidade de gerenciar a equipe, criar uma cultura forte e gerar resultados.

Se, depois de consolidar seu sucesso, você quiser colocar uma montanha-russa na recepção da empresa, o dinheiro é seu e você faz o que quiser.

Se lhe tirassem tudo e dissessem: "comece de novo". Chegaria ao mesmo lugar?

Em um terço do tempo.

"Por que levaria só um terço do tempo?", alguns perguntaram.

Quando iniciamos nossa trajetória, cometemos muitos erros e testamos vários caminhos que até são vitoriosos, mas não são os melhores.

Se iniciasse do zero hoje, com esse conhecimento, levaria não mais do que um terço do tempo para chegar ao mesmo patamar, justamente por ter aprendido ao longo dos últimos 24 anos.

Um bom exemplo prático disso tem ocorrido nos últimos quase quatro anos, desde que recomprei a Wise Up. O que crescemos no período e o valor gerado superam, em muito, os quinze anos anteriores.

Tirando as empresas, seu patrimônio está mais em bens ou em ativos financeiros?

Na minha concepção não existem bens. Eles não passam de uma ficção contábil que tende a se depreciar em sua totalidade num determinado espaço de tempo. Logo, a gestão de ativos financeiros é o que nos dá liberdade e acesso a qualquer bem de consumo, ainda que você não tenha o seu título ilusório de propriedade.

Entender isso facilita muito a vida e muda bastante a nossa perspectiva sobre as coisas.

Acesso vale mais do que posse.

Como eliminar o fiado para parentes e conhecidos?

Aprenda a dizer não. Simples assim. Quem deve ficar constrangido é quem pede. Não você.

Já sofreu ou sofre de ansiedade?

Todos temos ansiedades em alguma medida. Em alguns momentos, mais, em outros, menos, variando de acordo com as circunstâncias e, principalmente, de acordo com a maneira como gerenciamos nossos sentimentos.

Não classifico meus eventos de ansiedade como sofrimento. Depois de morar em sete países, tendo uma média de dois anos e meio morando na mesma casa nos últimos 27 anos e lidando com os riscos inerentes aos negócios que fiz e faço, fica fácil admitir que imponho desafios acima da média para minha massa cinzenta.

Não sofro. Gosto disso.

Pessoas, processos e estratégia. Qual o peso de cada um para o sucesso de um negócio?

Pessoas = peso 5
Processos = peso 1,5
Estratégia = peso 3

Um monte de gente me perguntou: "e os 0,5?".
Que 0,5? Quem disse que tem que somar 10?
Esses números não são percentuais. São PESOS que inferi, de acordo com a importância que cada elemento (pessoas, processos e estratégia) tem em minha avaliação para o sucesso de um negócio. São pesos de uma média ponderada.
Ou seja, estou dizendo que estratégia é duas vezes mais importante que processos e que pessoas são mais importantes que processos e estratégia juntos. São PESOS.

Quais são suas dicas para administrar um negócio a distância?

- Você deve ter o negócio com processos consolidados por anos.
- ERP implantado com um dashboard com todos os seus indicadores de desempenho parametrizados em seu BI.
- Equipe de executivos testada e aprovada.
- Testes. Primeiro, crie uma agenda de reuniões semanais com seus executivos e passe a fazer a gestão por meio dessas reuniões, quanto eles prestarão contas dos resultados.
- Quando tudo estiver funcionando por meio dessas reuniões, faça o segundo teste: passe a trabalhar em home office, cumprindo somente a agenda de reuniões.
- Se tudo funcionar bem, faça o próximo teste: passe a fazer as reuniões por videoconferência da sua casa. Visite a empresa somente uma vez por semana.
- Repita a rotina passando um mês de teste viajando em outra cidade ou país.

A regra geral é a seguinte: quem manda são os RESULTADOS. Não funcionou? Volte atrás rapidamente. Funcionou? Avance para o próximo teste. Faça isso até funcionar.

Por que as pessoas têm vergonha de falar sobre dinheiro?

Imposição cultural, religiosa e político-ideológica. Dinheiro é bom. Quem diz o contrário é hipócrita. Agora, dizer que dinheiro é tudo é uma grande mentira.

É melhor ter 100 clientes pagando R$ 1 mil ou dois clientes pagando R$ 50 mil?

Se você tem dois clientes, na verdade arranjou dois empregos. Um dia será demitido.

Como chegar em fundos de investimento estrangeiros?

Se você é bom e seu negócio é de destaque, fique tranquilo, porque eles chegarão até você.
    Nunca fui atrás de ninguém, mas fui cortejado por dezenas de fundos. Só tive o trabalho de escolher.

Qual a probabilidade de um pequeno empresário quebrar no seu primeiro negócio?

- Sem saber vender: 95%.
- Sem experiência: 90%.
- Sem capital: 85%.
- Sabendo vender e sem capital: 60%.
- Sabendo vender e com capital: 35%.
- Sabendo vender, com capital e experiência em gestão: 20%.

Com capital, sem saber vender e sem experiência, mas numa boa franquia e disposto a aprender: 15%.

Como inovar tendo uma construtora civil?

A inovação não precisa necessariamente ocorrer no produto direcionado ao cliente final. Ela pode acontecer no modelo de negócios, pode rolar nos seus processos de maneira a torná-los mais ágeis e com menos custos. A inovação pode passar pela forma de prospectar clientes, em como retê-los ou até como engajá-los em estratégias de upselling.

Coloca a cabeça para funcionar aí.

Acreditar que vai dar certo é o mais importante?

Sinceramente, não. Acreditar que vai dar errado até dar certo é o mais importante. A razão é simples: na vida, recebemos mais nãos do que sins. Dá mais errado do que certo. Então, parar de positivismo barato e estar preparado para PERSEVERAR diante de todos os nãos é o que te deixará preparado para não ser um a mais na multidão dos que desistem no meio das dificuldades.

Você toma alguma medicação, vitamina ou algo do tipo para ajudar na produtividade?

Sim. Todas as vezes que não estou muito produtivo, eu tomo VNC.

Funciona muito bem. Assim que tomo, sempre volto a produzir bem.

(VNC = vergonha na cara)

PS: sai dessa de tomar Ritalina ou Adderall para "produzir melhor". Esses remédios são psicotrópicos que viciam.

Minha mulher não gosta de empreendedorismo, quer ser CLT, o que fazer? Às vezes ela rouba minhas forças.

Não se faça de vítima e pare de culpar a menina, rapaz. Assuma que você não conseguiu vender para ela. Se não consegue vender para ela, você acha que vai conseguir vender o projeto para seu cliente? Para um investidor?

Desenhe uma versão bem pequena e minimalista do seu projeto, consiga alguns clientes e mostre para ela. Com mais RESULTADOS, menos papo e vitimismo, ela sentirá firmeza e embarcará com você nessa.

No fundo ela não sente segurança em você, que é o único responsável por isso. Só os resultados podem te ajudar.

Qual é o seu patrimônio líquido?

O que é isso?
Você é fiscal do
Imposto de Renda?

Flávio, como conseguir identificar o momento certo de empreender, sendo medroso?

Sendo medroso, meu conselho é que faça um concurso público. Menos risco e exposição às variações mercadológicas.

Mil de salário + bico de Uber. Sexto período de direito. O que você faria nessa realidade?

Só uma curiosidade: quanto você ganharia se largasse esse emprego que te paga mil pra ser Uber 100% do tempo, provisoriamente, enquanto estuda?

    Perceba. Esse emprego te paga R$ 45,50 reais por dia. Vale a pena despencar de casa para isso? Não seria melhor vender picolé? Ou mesmo Uber o tempo todo?

    Campeão, esse modelo de emprego não é o único caminho. Existem outros. Amplie sua visão e faça melhores escolhas.

Como seria a venda na área de saúde mental não quebrando o código de ética?

Rapidinho: eu jamais viveria de consultas. Afinal, o dia só tem 24 horas, além do fato de que esse serviço personalíssimo não gera equity.

Criaria um produto, uma metodologia ou um programa recorrente mais escalável.

Exemplos: terapias de grupo, cursos, atividades ocupacionais que pudessem ser replicadas por terapeutas contratados por mim para aplicar a metodologia. Com isso, não seria mais regulado pela entidade de classe, mas sim classificado como curso livre, sem qualquer regulação. Assim, venderia como quisesse.

Uma vez validado, poderia replicar o modelo por meio de franquias. O faturamento viria de royalties e materiais editoriais.

Qual é o seu maior medo?

Perder minha essência.

Como faria se tivesse uma escola de natação infantil?

Rapidinho: convênio com escolas para terceirizar a educação física.

Levar para o Brasil um curso de sobrevivência para bebês de até seis meses, uma das principais causas de mortes em família de classes média-alta e alta: afogamento em piscinas.

Time de vendas para prospectar novos alunos.

Geração de leads por meio de estratégias em redes sociais.

Em horários alternativos, abriria um novo público: terceira idade. Esse segmento da população vai crescer muito nos próximos anos.

Por quais motivos não se deve empreender?

1. Para trabalhar menos: o empreendedor trabalha mais e não tem 13º, férias, feriado, hora extra.
2. Para não ter patrão: você sempre terá que dar satisfação para os clientes e para sua equipe.
3. Para ter glamour: empreender é mão na massa. Os que resistem a isso quase sempre quebram.

Para você, o jeito de os ricos pensarem é nato ou é conquistado?

Eu sinceramente não acredito nessa história de "jeito de rico". Acredito em comportamento vencedor e produtivo que envolve sua maneira de pensar e de agir: isso influencia os seus resultados. Seu patrimônio é mera consequência.

Logo, isso tudo se aprende. Como eu sei disso? Primeiro porque passei por esse processo e lidero há mais de 25 anos a formação de novos executivos e parceiros comerciais que têm notório progresso na sua trajetória profissional e financeira.

Como convencer pessoas que não confiam em franquias?

Em negócios, só os resultados convencem.

108

Ramo alimentício (restaurantes). O que você faria, Flávio?

Uma ideia rapidinha: faria um local de eventos e cursos com um restaurante dentro. Um local para reuniões de negócios, salas privadas, espaços para reuniões de conselho com serviços de alimentação. É raro um local privado para almoços de negócios nos grandes centros.

Poderia também funcionar como um clube de negócios com um número limitado de membros que pagassem uma anuidade para ter o direito de reservar as salas de seus eventos. Faturamento recorrente.

A localização deveria ser perto das grandes empresas. Em São Paulo, por exemplo, na Faria Lima ou na Vila Olímpia.

Como você concilia o ensino de empreendedorismo com tantos funcionários CLT?

Meu estímulo ao empreendedorismo é para todos, inclusive meus funcionários. Muitos deles se tornam franqueados de nossas marcas e empreendem com a gente. Porém, sabemos que nem todos terão a mesma ambição e disposição ao risco. Então, a eles oferecemos uma carreira em que possam se desenvolver.

Porcentagem boa de conversão em prospecção de vendas?

30-05-02.
Ou seja:
30 ligações;
5 entrevistas;
2 vendas efetivadas.

Equipe própria de vendas ou terceirizada?

Terceirizar a equipe de vendas é como terceirizar seus pulmões para respirar por aparelhos. Você se torna refém.

Para você, o que é FELICIDADE?

- É colocar a cabeça no travesseiro e dormir.
- É aprender a ter brilho nos olhos com as crianças.
- É acordar de manhã com o sorriso de quem você ama.
- Ter liberdade e não depender de governos e de políticos.
- Colher o que plantar.
- Estar ao lado de amigos verdadeiros.
- Combater um bom combate até o fim.

Já tomou um porre de não lembrar nem que dia era?

Uma das coisas que mais prezo e aprecio é minha consciência sobre mim mesmo e as circunstâncias que me cercam. Nunca fiquei bêbado e tampouco tenho interesse em ficar.

Como você faz a cobrança dos alunos/franqueados? E como administra a inadimplência?

- Os alunos recebem boletos com recorrência.
- Eles têm a opção de programar a recorrência em seu cartão de crédito.
- A mensalidade tem um incentivo de 20% de desconto para quem pagar em dia.
- Data de vencimento única: dia 5 de cada mês.
- A partir do dia 10, os que não pagaram recebem um contato da escola para programar o pagamento.
- Nunca protestamos um aluno sequer.

Em média, a inadimplência em nossas escolas não passa de 3%.

Ganho 6K com expectativa de crescer 40% no próximo ano. É normal estar insatisfeito?

Há 25 anos, com 22 anos de idade e ganhando 7 mil dólares por mês, eu não estava conformado e pedi demissão para fundar a Wise Up. Mas eu tinha um plano e estava disposto a realizá-lo.

O medo e a vergonha do que vão pensar atrapalha minhas vendas. O que devo fazer para mudar isso?

Já que você se importa tanto com o que as pessoas pensam, que tal vender bastante para deixar todas elas de boca aberta com o seu sucesso?
   Aposto que você se divertiria muito com isso!

Quando começou, você mesmo fazia a gestão financeira do seu negócio?

Eu, além de liderar no campo mais estratégico da empresa, logo no começo tinha funções executivas: eu era diretamente responsável por vendas, desenvolvimento de produto e marketing.

Atendimento a alunos e coordenação pedagógica eram áreas gerenciadas por profissionais contratados que se reportavam diretamente a mim.

A Luciana cuidava diretamente da gestão administrativa e financeira, da cobrança, das reformas das novas filiais, do departamento pessoal, do jurídico e da contabilidade.

Qual é a característica que você mais valoriza em um vendedor na sua empresa?

Já ouviu a frase "fulano tem a faca e o queijo na mão"?

Porém, eu digo: mais importante que a faca e o queijo é a FOME.

Ter fome é ter vontade, é ter ambição (diferente de ganância), é ter gana de mudar de vida.

Isso é o que mais busco na hora de contratar um profissional de qualquer área, em especial um profissional de vendas.

Você já foi discriminado?

Acredito que não, mas, se fui, não prestei atenção porque estava trabalhando e construindo meu próprio caminho. Sempre tive consciência do meu valor e sabia que ele não dependia da aprovação de quem quer que fosse. Sempre soube que, depois do sucesso, os críticos se tornariam puxa-sacos. Dito e feito.

O que um homem deve procurar em uma mulher?

Isto é o que eu considero importante:
- Alinhamento de visão e valores.
- Alguém que valorize mais o nós do que o eu.
- Uma pessoa positiva.
- Divertida.
- Leal.
- E a fim de fazer funcionar.

Sou dono de uma marca de cosméticos para salão de beleza. Se você fosse o dono, o que faria?

Uma estratégia bem rapidinha: criaria uma marca própria de "salão de beleza" e expandiria por franquias, fornecendo os produtos da marca a essa rede. Operaria somente uma das unidades próprias para validação do modelo e estratégias. O restante, franquias.

Em paralelo, expandiria meus pontos de venda, atuando no mercado em que você já atua com a marca que já tem atualmente.

Para não haver concorrência entre esses canais de distribuição, segmentaria cada marca em targets distintos. Por exemplo: uma marca seria direcionada à classe B e a outra teria foco na classe C.

Para alimentar a rede de profissionais formados e novos franqueados, teria um centro de treinamento de profissionais de salões de beleza. Cobraria mensalidade e faturaria com os cursos. Os melhores seriam contratados na rede e teriam financiamento para se tornarem franqueados.

Você acredita em destino, tipo Deus já tinha reservado tudo isso para você?

Não. Acredito em livre-arbítrio. Ou seja, fazemos escolhas e arcamos com as consequências, sejam elas boas ou ruins. Diferentemente disso, seríamos meras marionetes e sem qualquer responsabilidade. Não há hipótese.
    Se eu planto banana, colho banana.
    Se planto melão, colho melão.

Arriscaria sair dos Estados Unidos, onde trabalha para alguém, e voltar para o Brasil e abrir seu próprio negócio?

O sucesso ou o fracasso estão em você e não no lugar.

Aporte mínimo de 7M, contrato de 60 meses, 6% a.m. É possível? Não é marketing de rede. Empresa de São Paulo.

Se são 6% garantidos, é pirâmide. Pirâmide financeira é crime.

Quantas fontes de renda um bilionário possui?

Bilionários e até alguns milionários não pensam em renda. Pensam em equity.

Ao investir em marketing, você leva em consideração o ROI?

Tudo em uma empresa deve levar em consideração o ROI (Return on Investment).

Quão importante é o ponto para a abertura do negócio?

O ponto é um elemento que pode ajudar muito em qualquer negócio, em especial no início. O motivo é simples: a quantidade de pessoas que passam em frente ao seu ponto melhora a estatística de conversão de vendas de seu produto, bem como a visibilidade e a consolidação de sua marca.

Geralmente o custo de locação de um ponto AAA é maior que em outras localizações com menos visibilidade, porém a conta fecha. Vale a pena.

Como conquistar o respeito dos seus funcionários de volta?

Resultados aliados a comportamento colaborativo. Se ocupa posição de liderança, que seja pelo exemplo. Não há nada mais desmoralizante do que alguém pregar aquilo que não vive.

Você se considera um gênio?

Te garanto que não. Sou um cara muito dedicado, inteligente, perseverante e bastante trabalhador. Até hoje, trabalho 12 horas por dia. Sou intenso.

Depois de quase 25 anos empreendendo, fiquei bom nisso. Não sou bom em muitas outras coisas.

Para ficar bom tem que praticar muito. É o que faço até hoje.

Você é um saco, Flávio. Toda vez que abro seus stories tomo uma pancada na cara. Dói, mas é bom.

124

Por que as pessoas têm o hábito de se vitimizar?

Porque é uma armadilha fácil de cair, é cômodo de ser convencido e um analgésico para a culpa. Depois disso, vira hábito. E depois um vício. Game over.

Escola de empreendedorismo para crianças e adolescentes é um bom negócio?

Nenhum negócio dá certo porque é um bom negócio. Ele dá certo porque é bem executado. Dá certo porque alguém desenvolveu um bom produto ou serviço, porque vendeu bastante, atendeu bem os clientes e os reteve.

Por que as franquias ainda cobram "taxa de franquia"? O objetivo não são os royalties?

A taxa de franquia tem um conceito de rateio de custos de formatação da companhia. Se você for abrir uma empresa do zero e de forma profissional, terá investimentos milionários em: marketing para desenvolver sua marca, investimentos em P&D, em sistemas de gestão, manualizações e até o custo gerado por erros que certamente serão cometidos por empresários iniciantes. Numa franquia, tudo isso está pronto, e uma taxa de franquia não custa nem uma pequena fração de tudo isso que o franqueado terá à sua disposição desde o primeiro dia.

Já os royalties têm o conceito de remunerar o know-how, o uso da marca, treinamento e suportes fornecidos à rede franqueada.

Com a internet ainda vale a pena expandir fisicamente?

A internet é um meio, um canal de distribuição, uma forma de comunicação, uma fonte de consultas, um lugar para fazer negócios... tudo isso e muito mais.

Por outro lado, o mundo real continua existindo. Como ter hipertrofia muscular se não pelo levantamento de peso? Como cozinhar se não chorando ao cortar as cebolas?

Como ter um filho se não pelo sexo?

Ainda existe um mundo fora do celular!

O que acha dos que copiam o GV, não têm seus resultados e insistem em vender cursos online?

Já completei oito anos e meio produzindo conteúdos diários em redes sociais voltados para empreendedorismo e negócios. Os jovens de vinte e poucos anos que tentam fazer isso hoje eram adolescentes quando fiz o meu primeiro post.

Fico muito feliz em ver uma legião de novos produtores de conteúdo que seguiram meus passos e que dão a cara a tapa, muitos deles bons, mas outros que tentam ensinar o que jamais praticaram.

A corrida do ouro na produção de conteúdos digitais criou os empreendedores de palco num primeiro momento, mas hoje surgiu uma nova espécie: os produtores de conteúdo de palco. Eles dão conselho e vendem cursos buscando ficar ricos, ensinando outros a ficar ricos. Viva a internet!

O próximo passo será o amadurecimento dos consumidores, que saberão distinguir o joio do trigo e os homens dos meninos.

Qual é o maior poder do mundo?

VISÃO.

Porque é a capacidade de antecipar tendências do futuro no presente. Soma-se a essa antecipação a conexão de todos os aspectos do potencial projeto contido na visão, seus efeitos e diferenciais que geram valor.

Uma visão, uma vez trazida à existência, fica viva dia e noite, gritando para que seja colocada em prática. Para isso o ingrediente fundamental para que ela ganhe vida é a CORAGEM.

Todo projeto, empresa ou empreendimento vitorioso um dia dependeu de uma decisão corajosa para se tornar realidade.

> Como gerar audiência? Abraço, Flávio.

Com um bom conteúdo + consistência + compromisso com os seguidores, ao longo de anos, você conquista o seu espaço. Não tem atalho.

130

Quero ter minha própria revista de música, mas não conheço nenhum parceiro. O que eu faço?

Revista?
Esquece isso!
Use o Instagram que é de graça e produza conteúdo, conquistando um público maior e mais qualificado.
Você será lido por mais pessoas do que a maioria das revistas no Brasil.
Fique atento às novas mídias. Estamos no meio de uma revolução.

Depois que você vendeu a Wise Up por um bom valor, o que fez logo em seguida?

- Morei em Barcelona, Londres e Sintra.
- Comprei o Orlando City.
- Fundei o meuSucesso.com.
- Investi mais tempo no Geração de Valor.
- Construí um estádio de futebol nos EUA.
- Criei o evento Power House, que está em sua quarta edição, sempre com ingressos esgotados.
- Escrevi quatro best-sellers.
- Recomprei a Wise Up.
- Comprei a Number One.
- Fundei a Buzz Editora.
- Recebi investimentos na Wiser Educação da WW Holding e do fundo Kinea do Itaú.
- Crescemos mais de 50% ao ano.
- Estou aqui falando com você.

Flávio, primeiramente, te admiro muito! Qual é a maior lição que você busca ensinar aos seus filhos?

- Simplicidade.
- Princípios.
- Generosidade.
- Empreendedorismo.
- Honestidade.
- Valorizar a família.
- Lealdade.

Você acredita que um diploma é o que define uma pessoa?

Nada define uma pessoa a não ser suas próprias decisões.

Raça, sexualidade, classe social, sociedade ou qualquer outra influência não definem uma pessoa.

Influenciam, mas não definem.

Investir em boas ações ou empreender?

Empreender é uma excelente boa ação que alimenta milhões de famílias no Brasil.

Marketing digital é o futuro das empresas?

NÃO! Já é o presente.

134

Vejo que seu momento de sorte foi quando encontrou a Luciana...

Duro, sem pedigree, sem faculdade, só mais um Silva... Não posso discordar. Ela sempre foi a minha maior inspiração. Nesta foto, éramos recém-casados.

Qual é a sua idade? Você ficou rico com quantos anos?

Tenho 49 anos.
- Aos 17, fui expulso do Colégio Naval.
- Aos 18, desprestigiado, fiz vestibular.
- Aos 19, larguei a faculdade para ser vendedor. Andava de ônibus lotado e morava na periferia.
- Ainda aos 19, me encontrei nas vendas.
- Aos 20, casei. Morei na entrada de uma favela.
- Aos 21, fui promovido e morei fora do Brasil.
- Aos 22, voltei e assumi uma regional. Já ganhava bem, cuidava de quatro cidades.
- Aos 23, pedi demissão e abri a primeira escola da Wise Up.
- Aos 23, fiz o primeiro milhão.
- Aos 23, abri a segunda escola em São Paulo.

- Por 17 anos, abri quase 400 escolas no Brasil.
- Aos 40, vendi a Wise Up por 960M.
- Aos 41, comprei o Orlando City.
- Aos 42, entrei na lista de bilionários brasileiros da *Forbes*.
- Aos 43, fundei o meuSucesso.com.
- Aos 44, recomprei a Wise Up.
- Aos 45, construí um estádio nos EUA.
- Aos 46, comprei a Number One.
- Aos 47, vendi participação da Wiser para o Kinea/Itaú.
- Aos 48, desenvolvemos a Wise Up Online.
- Aos 49, comprei a Conquer.
- Aos 49, vendi o Orlando City.

O que será que vem agora?

Como é ter o dom da gestão?

Não é dom, meu amigo. É treinamento. É prática adquirida com erros, estudo e ao se lançar e meter a mão na massa sob fortes riscos ao longo de quase três décadas. Não é da noite para o dia.

Como manter o controle em meio a tanta informação em um mundo cada vez mais acelerado?

Foco no que interessa.

Autônomo, ganho bem, trabalho 14 horas por dia. Nível de estresse alto. Como equilibrar isso? Não equilibra?

Nossa existência por si só é estressante.
Como assim?
Para nascer, precisamos vencer uma corrida entre centenas de milhões de espermatozoides.
Pronto. Vencemos, mas, depois de nove meses, adaptados no útero, fomos paridos num mundo estranho: luz, barulho, oxigênio, comida...
Quando tudo parecia estar equacionado, nos mandaram para uma prisão que disseram que se chamava "escola". Vou parar por aqui porque tem pouco espaço.
Aprendi que existem dois tipos de estresse:
- Gerado pelo fracasso.
- Gerado pelo crescimento.

Já que o estresse é inevitável, vou preferir a segunda opção.

Você acha importante trabalhar 15 horas por dia ou trabalhar 8 horas em alto nível?

Há momentos em que você vai precisar trabalhar 15 horas por dia em alto nível.

Haverá momentos em que você poderá trabalhar quatro horas por dia em alto nível. Haverá momentos em que você vai poder não fazer absolutamente nada em alto nível. Sempre em alto nível.

O mais importante é saber enxergar qual é o tempo de plantar e qual é o tempo de colher.

Querer colher antes do tempo pode ser fatal.

O que você aprendeu com a sua maior falha?

Que não devo repeti-la.

141

Qual é o primeiro passo para franquear um negócio que está dando certo?

Passos para franquear:
- Primeiro, o seu negócio precisa ser um sucesso.
- Ter sido replicado em umas duas filiais pelo menos.
- O negócio precisa estar formatado/manualizado.
- Treinamentos empacotados.
- COF e contratos de franquias.

Não tenha pressa. Abra a primeira franquia, valide o modelo e escale na velocidade de sua competência de gestão.

Estou sem dinheiro e não quero perder minha namorada.

Se dinheiro é o que garante sua namorada, trabalhe bastante para ganhar dinheiro e troque de namorada.

143

Monopólio é crime?

Monopólio é uma situação econômica em que uma única empresa controla a produção e a comercialização, ou apenas uma dessas atividades, de um determinado produto ou serviço. A palavra é de origem grega, sendo que *monos* significa "um" e *polein* significa "vender".

O termo monopólio também é usado quando, mesmo havendo concorrentes, uma determinada empresa ou um grupo empresarial domina quase por completo as vendas de um produto, deixando uma pequena fatia do mercado para a concorrência.

Monopólio não é crime, mas quando detectado pelo CADE, que regula essa matéria, ele pode determinar que a empresa venda parte da empresa visando a trazer equilíbrio e restabelecer a livre concorrência desse setor em questão.

O dinheiro ainda te move?

Quem disser que dinheiro não é bom está mentindo. Porém, quem disser que ele compra tudo estará igualmente mentindo. O dinheiro compra uma cama, mas não o sono. Compra plano de saúde, mas não compra uma ala na UTI. Compra antidepressivo, mas não compra a paz. Compra até acompanhante, mas não o amor.

Para mim, o dinheiro é como os pontos do videogame da vida, mas se entro no jogo é para ganhar. Como já ganhei o suficiente para que meus filhos, netos e até bisnetos não precisem trabalhar para pagar contas, hoje tenho outras motivações.

O que me move é cumprir minha missão. É isso que me faz estar aqui à 1h36 da manhã respondendo à sua pergunta.

Qual é o papel do RH no crescimento da Wiser?

É importante não confundir departamento de RH com política de RH.

Na Wiser não temos um departamento de RH com um diretor, gerentes e analistas. Temos uma política de RH. Cada diretor tem o papel de gerir as pessoas de seu departamento e de manter a cultura organizacional em alta.

O resultado disso deve ser o brilho nos olhos, pessoas comprometidas e um plano de carreira em plena execução.

Franqueado também é empreendedor?

SIM. Associar-se a alguém mais experiente não o torna menos empreendedor.

Vender é o caminho mais fácil para alcançar o primeiro milhão?

Sem vender não se alcança nada, muito menos o primeiro milhão.

Hipoteticamente, se algo desse errado e te sobrasse R$ 1.000.000,00, o que você faria?

Em dois anos, já teria 30M. Não tem jeito. Depois que você aprende, as coisas ficam mais fáceis, como tudo na vida...

Como lidar com a certeza de que ser CLT é pouco, mas o risco do empreendedorismo é muito?

Tudo é risco.
Nada é seguro.
Água parada apodrece.
Olhos que não brilham morrem.
Sonhos não vividos vão parar no cemitério.
Reinventar-se é preciso.
Tudo que não se mexe atrofia.
O que não se exercita fica obeso.
Movimentos omitidos se tornam a dança dos esquecidos.
Se não está subindo está caindo.
Estabilidade não existe.
Quem não faz leva.
Só ouve quem tem ouvidos.

Como saber quanto posso pegar além do meu pró-labore quando minha empresa tem um lucro maior?

Não existe uma regra, mas sempre recomendo a nossos franqueados que tenham EM CAIXA pelo menos o equivalente a três meses de despesas. A partir daí, estaria liberada a distribuição de dividendos.

Em minhas empresas, não distribuo dividendos. Os resultados apurados ficam à disposição de investimentos em novos projetos e aquisições de empresas.

Recebi várias mensagens de pessoas intrigadíssimas porque não tenho pró-labore nem distribuo dividendos, a fim de investir 100% dos resultados da companhia – que não param de crescer – na expansão e na aquisição de novas empresas no Brasil. Nos meus negócios, meu foco está 100% no equity.

Não é uma regra. É o jeito que escolhi, acumulando caixa na companhia.

Outros me perguntaram, preocupados, como eu faço para pagar os meus boletos. Não precisam se preocupar.

Tenho liquidez suficiente para pagar minhas contas pelas próximas três gerações.

Por outro lado, nos últimos três anos, já triplicamos o valor de nossas empresas no Brasil. Pretendemos triplicar de novo no mesmo período.

Ou seja, transformar 1 bilhão em 3, 4, 5 vale mais a pena do que pró-labore.

Isso se chama "o poder do equity", de que eu tanto falo e que tento mostrar para vocês.

É claro que, quando comecei, eu não tinha liquidez e precisava distribuir dividendos para pagar minhas contas pessoais. Não tem problema.

Nessa época eu não distribuía mais do que 10, 20% dos resultados para pagar minhas despesas. O restante eu investia tudo na expansão da companhia. Por isso, depois que abri a primeira escola, em 1995, até 1998 já havia aberto um total de 24 escolas.

Invista em sua empresa em vez de saqueá-la.

Pense grande!

151

Qual filme recomenda para motivar quem quer empreender?

- *Coração valente*: liderança.
- *Um sonho de liberdade*: quebrar paradigmas.
- *À procura da felicidade*: superação.
- *A fuga das galinhas*: libertar-se do sistema.
- *Vida de inseto*: não ser um a mais na multidão padronizada.
- *Sociedade dos poetas mortos*: romper com o sistema.
- *Fome de poder*: história inspiradora.
- *Um senhor estagiário*: nunca é tarde para começar.
- *Joy, o nome do sucesso*: inovação e vendas.
- *A rede social*: inovação e coragem.
- *Walt antes de Mickey*: biográfico.
- *Steve Jobs*: biográfico.
- *Amor sem escalas*: esta frase vale o filme: "Quando te preparam para você desistir do seu sonho?".

152

Qual é o primeiro passo para empreender?

Rejeitar o sistema, a linha de montagem e o alpiste colocado todo quinto dia útil dentro da gaiola a fim de bater as asas e voar.

Enquanto tudo isso for aceitável para você, o esforço e o risco necessários para empreender não farão sentido.

Não executar é sinal de que não sou empreendedora?

SIM. Intenção sem ação = ilusão.

Ter ou não um sócio?

Você só tem três formas de começar uma empresa:
- Capital próprio.
- Empréstimo.
- Sócio.

Escolha a que te pareça mais adequada à sua tolerância ao risco.

Flávio, quando o caixa da empresa está alto, como lido com esse dinheiro?

Primeiro, vamos definir o que seria um caixa alto. Se você tem um caixa equivalente ao somatório de três meses de custos e despesas, a partir daí podemos dizer que você tem um caixa alto.

O que exceder a isso, você pode começar a distribuir dividendos e a acumular capital, que poderá ser usado para investir em sua expansão, novos produtos e, num estágio mais avançado, na aquisição de novos negócios.

Quando é legal ter uma segunda marca própria "concorrendo" no mesmo mercado?

Uma segunda marca não tem o papel necessariamente de estabelecer concorrência, mas tem a possibilidade de atingir outro público, do ponto de vista etário e social, ampliando seu alcance no mercado.

Como financiar de forma inteligente o crescimento repentino de uma empresa?

Com o próprio caixa gerado pelo seu crescimento repentino.

Um conselho para quem quer abrir uma loja online e ganhar dinheiro com o Instagram?

Jamais queira cobrar por um conteúdo que as pessoas não consumam gratuitamente com grande engajamento e entusiasmo. Afinal, por que alguém pagaria por algo em que nem de graça tem interesse?

Qual a grande diferença do marketing do seu início de carreira para os dias atuais?

O mundo tem mudado numa velocidade alucinante. Eu lembro que, em 2012, numa reunião de franqueados em que eu abordava os nossos 30 milhões de reais em investimentos em marketing, eu disse, ainda sem qualquer certeza, que o celular iria revolucionar a comunicação, impactando os grandes veículos nos quais concentrávamos 95% de nossos investimentos.

Hoje, as redes sociais elegeram um presidente com apenas 11 segundos na TV e grandes grupos de comunicação enfrentam turbulências sem precedentes. Alguns já sumiram do mapa.

Tempos bons e de grandes oportunidades. Tempos em que as cartas são redistribuídas e em que o dinheiro muda de mão.

Você comenta que aprendeu inglês anos depois de inaugurar a Wise Up. Por que estudou fora e não na Wise Up?

Não aprendi nem dentro e nem fora. Aprendi quando priorizei o meu tempo, enquanto implantava um modelo de gestão a distância, na época em que morei na Austrália.

Muitos nutrem a ilusão de que alguém aprende inglês porque mora fora. Faz dez anos que mudei para os EUA. Aqui, o que mais vejo é brasileiro que mora há décadas sem falar inglês.

Em 2005, na Austrália, fiz duas horas e meia por dia de aulas particulares, com uma metodologia que temos, o que poderia ser feito em qualquer lugar, inclusive no Brasil. Foi lá que aconteceu, porque foi quando finalmente dediquei tempo a isso.

Vale sociedade somente pelo capital?

Vale, mas é caro. Pagar juros pode ser mais barato.

Se fosse para recomeçar do zero, o que você faria nos dias atuais?

Pra começar, faria exatamente o que fiz. Não mudaria uma vírgula.

No meio do processo, com o conhecimento que tenho hoje, daria bem menos voltas para chegar aonde chegamos.

Qual foi o seu maior desafio ao recomprar a Wise Up?

- Equilíbrio de fluxo de caixa no primeiro ano, em 2016.
- 2017: renovação de todos os produtos e implantação de Sales Force e SAP.
- 2018: início da expansão e renovação da base de franqueados.
- 2019: expansão da área de Edtech.
- Em três anos, a empresa, que estava enfraquecida, já alcançou o seu topo histórico em resultados.

Quando abriu a primeira escola, quanto tempo se dedicava a ela e quanto tempo tirava para descansar?

Quando abri a primeira escola, em 1995, tinha apenas uma única bala na espingarda e um leão faminto babando para me devorar.

Trabalhava 15 horas por dia, de segunda a sábado. No domingo, pensava e refletia sobre a próxima semana, além de dormir um pouco mais.

Você acredita que, se tivesse começado um ano depois sua empresa, mesmo assim teria dado certo?

Minha empresa deu certo pelo meu trabalho e não por conta do ano de inauguração ou por qualquer outro motivo, assim como continua a dar certo hoje.

Aliás, a cada nova escola que eu abri (abri 24 nos primeiros três anos) em cidades diferentes, como não era conhecido, para cada uma dessas 24 escolas era um novo recomeço do zero.

O sucesso de uma empresa não é como jogar no bingo ou num cassino.

Na sua opinião, qual é a forma mais barata de marketing?

Mais barata e eficiente para atrair clientes: Google/YouTube e redes sociais.

Para crescer:
1. Vender em alta performance.
2. Inovação.
3. Formar pessoas/gestão de pessoas.
4. Modelo de negócios escalável e com margem.

Como fazer sua esposa andar e pensar como você?

Simples: case com um robô.

No que consiste uma boa pergunta?

Bela pergunta, parabéns!
Características de uma boa pergunta:
1. Relevante.
2. Clara, facilmente compreensível.
3. Concisa. Uma boa pergunta é geralmente nítida.
4. Orientativa.
5. Estimula o pensamento.

Me ajudaaaa, dá um conselho de vendedor aí.

Então toma: vai trabalhar e para de ficar perdendo tempo na internet!

Suas palavras me tiraram de um suicídio. Isso não é uma pergunta. Obrigado, Flávio.

Sua resposta me emociona. Obrigado pelo feedback. Cabeça erguida sempre!

Se o primo rico fosse tão bom investidor, gastaria tempo vendendo curso?

Eu fiquei bilionário vendendo curso, qual é o problema? Os ricos querem que os pobres continuem pobres?

Para pra pensar comigo. Geralmente, os ricos fazem o que da vida? Geralmente são empresários e profissionais liberais bem-sucedidos. Ou seja, são pessoas que vendem algum produto ou serviço, concorda?

Será que se os pobres subissem para a classe média e a classe média subisse para a média-alta e a média-alta subisse para a alta, as empresas desses ricos teriam mais ou menos clientes para comprar seus produtos e serviços?

A resposta é óbvia, não é?

Essa guerra de classes fomentada por partidos políticos tem só um objetivo: controle social. Poder. Quanto menos pobres, melhor.

Qual foi o primeiro item "caro" que você comprou quando começou a ficar rico?

O básico de quem faz o primeiro milhão com 23 anos e crescendo: um carrão importado e um apartamento de frente para a praia no Rio de Janeiro, onde morava.

Fiz essas cagadas para hoje tentar evitar que vocês façam o mesmo.

Você é *morning person* ou *night person*?

Eu me deito por volta de 1h30/2 horas e acordo às 8. Começo a trabalhar às 9 horas. Minha criatividade é mais aguçada à noite.

Quanto ganha por livro vendido?

Um autor ganha cerca de 10% do valor de capa de seu livro. Cerca de 500 mil reais para cada 100 mil livros vendidos.
    Eu doei 100% dos direitos autorais de meus quatro livros para projetos sociais. Não ganho nada. Ou melhor, o que ganho dinheiro algum é capaz de pagar.

Você disse que ter acesso é melhor que ter bens passivos. O carro não se enquadra nisso?

SIM. Por isso o leasing (não é financiamento) é uma boa alternativa.

A depreciação de um carro é brutal. Pagar juros sobre o valor do carro mais a depreciação torna qualquer compra de carro um péssimo investimento. Porém, a decisão de comprar um carro, mesmo não sendo um bom negócio, é pessoal.

O que é melhor: produto ou o ponto do negócio?

O que é melhor: o pulmão ou o coração? Um negócio é um todo, um corpo, um organismo vivo, uma galáxia dentro de uma célula. Tudo é importante.

Você é invencível?

A partir do momento em que me achar invencível, já estarei derrotado.

Atributos que você procura em um advogado?

Confiança, conhecimento técnico e performance.

Em algum momento a raiva foi o combustível de realização?

Qualquer sentimento pode ser um combustível para o seu crescimento ou um caminho para você afundar. O significado que você dá a cada sentimento é que define = inteligência emocional.

170

Acredita que o homem foi à Lua?

- *Acredito que o homem foi à Lua.*
- *Acredito que as vacinas são necessárias.*
- *Acredito que a Terra NÃO é plana.*
- *Não sou Illuminati.*
- *Acredito que seja possível ficar rico sem se envolver em parada errada.*
- *Não vendi a alma para o capeta.*

Aproveitei para responder a um bloco de perguntas frequentes de uma vez só.

Qual hobby você teria se tempo e dinheiro não fossem um problema?

Não tenho problemas nem de tempo nem de dinheiro. Tenho a rotina exatamente como gostaria de ter.
　Hoje, estou comprometido com grandes projetos:
- Wiser Educação.
- Geração de Valor.
- O principal deles: minha família.

172

O que você mais aprendeu com os seus pais?

Honestidade, generosidade e fidelidade a uma causa.

Diferença entre equity e liquidez?

Equity = valor
Liquidez = valor convertido em $$$

Você acha que os bilionários deveriam pagar mais imposto?

O Brasil tem aproximadamente 200 bilionários. Se o imposto de renda dessas 200 pessoas aumentasse de 27,5% para 37,5% por hipótese, esses 10% a mais de impostos sobre a renda anual dessas 200 pessoas seriam matematicamente insignificantes.

Outra hipótese seria taxar o patrimônio deles em caso de morte, o tão falado imposto sobre fortunas. O resultado final também não seria relevante.

Sem nada disso, centenas de milhares de pessoas têm saído do Brasil e passado a investir em outros países, todos os anos. Quando a França seguiu esse mesmo caminho, vários bilionários saíram do país ou mudaram sua nacionalidade.

O Brasil precisa diminuir os gastos públicos e aumentar a atividade econômica. Como? Atraindo novos bilionários e não espantando os existentes.

PS: eu já moro fora do Brasil há dez anos.

Escrever um livro sempre foi um sonho?

Jamais imaginaria que escreveria um livro sequer, que ele seria o mais vendido do ano no Brasil em seu gênero e que escreveria outros três livros que também estão entre os mais vendidos do país.
　Como disse, nunca pensei nisso.

Procrastinação, um inimigo dos empreendedores?

De todos os que têm o objetivo de progredir.

Por que existem muito mais homens do que mulheres fazendo sucesso com empreendedorismo?

Lendo sobre isso, conheci uma explicação para essa realidade do mercado. Em geral, estatisticamente, as mulheres são mais resistentes a assumir riscos, condição essencial do empreendedorismo.

Por outro lado, sempre digo que as mulheres têm tudo para dominar o mundo. Penso que elas têm competências típicas femininas que são apuradíssimas. Tem gente que não gosta dessa distinção. Paciência...

Como impactar clientes na internet?

    Entregando conteúdo de graça.
    Se ninguém se interessar pelo seu conteúdo gratuito, não se iluda. Ninguém pagará um centavo sequer por ele.

Você já trabalhou com 0% de vontade?

Pessoas com 0% de vontade não trabalham, apenas frequentam o escritório. Trabalhar é muito mais do que bater ponto.

O que você acha sobre vender produtos importados?

Tem forte influência da variação cambial, que pode, da noite para o dia, inviabilizar seu projeto. Sem contar com ameaças regulatórias no processo de entrada dos produtos na fronteira. Também é importante considerar a carga tributária sobre importação e o ICMS na hora de distribuir os produtos no Brasil, que varia de estado para estado.

É preciso ter bastante capital para bancar eventuais atrasos e para fazer estoque.

Pessoalmente, não gosto desse setor, pois ele tem variáveis que não controlo, como as que citei acima: câmbio, burocracia e carga tributária.

Estou todo o tempo com o celular, então por que continuo usando um relógio?

Status? Estilo? Ostentação? Significado?

Alguns itens pessoais ainda perduram mesmo num mundo tecnológico e conectado. Os motivos podem ser todos esses que mencionei acima, dentre outros que fazem com que muitos gastem um bom dinheiro na aquisição de um relógio. No meu caso, tem um significado: a primeira coisa que vendi na vida foi um relógio.

Flávio, o que você acha dos coaches? São estelionatários do século XXI?

Não acho.

Vou dizer o que penso sinceramente sobre isso. Senta que lá vem polêmica.

O processo de coaching não é uma novidade. Pode ser bem útil e realmente ajudar muitas pessoas. Porém, percebo intuitivamente alguns desequilíbrios nesse mercado. Me acompanhe.

Tudo no mercado funciona na base da oferta e da demanda. Se você tem muita oferta, o valor percebido do produto ou serviço torna-se muito baixo. Se a demanda for maior que a oferta, o preço é imediatamente inflacionado.

Várias escolas de coaching formaram milhares coaches nos últimos 10 anos, às vezes até em cursos-relâmpago de um final de semana. Por outro lado, o mercado ainda não percebeu (leva tempo mesmo) o valor do coach e seus processos, gerando uma demanda insuficiente para uma oferta crescente de serviços na área. Logo, o valor percebido desse serviço tornou-se pequeno, fazendo com que sua oferta, muitas vezes, extrapole na abordagem de marketing, passando essa má impressão de sua pergunta. É claro que tem gente desonesta em todas as áreas e não deve ser diferente entre os coaches.

Conheço alguns líderes desse setor. Eu os considero pessoas muito sérias. Porém, esse cenário representa um desafio para o segmento se perpetuar no Brasil, que recentemente também lida com ameaças regulatórias.

Já pensou, na adolescência, em ser músico profissional?

Não deu tempo. Aos 13 anos, estudei muito para entrar no Colégio Naval, onde estudei até o final dos 17. Aos 18, comecei a namorar a Luciana. Aos 19, comecei a trabalhar como vendedor de curso de inglês e dois meses e meio depois fui promovido a gerente. Aos 20 anos, me casei. Seis meses depois fui transferido para a Venezuela. Aos 21, fui promovido a diretor. Aos 22, dirigia quatro escolas em cidades diferentes do Brasil, e aos 23 fundei a Wise Up.

Quando me dei conta, percebi que ainda seria um músico pelo resto da vida. Porém, sem viver de música, o que é algo bem diferente. Hoje, em todas as minhas viagens, meu violão sempre me acompanha.

Só fica milionário quem vende?

Quem vende ou quem rouba. Prefiro vender.

Você já foi tratado diferente nos EUA por ser brasileiro?

Sim. Eles me tratam de forma bem diferente…

Aqui em Orlando, jornalistas me entrevistam a todo momento, recebo convites para palestras toda semana, lançamentos na Disney, inauguração de universidades… aliás, a maior universidade da Flórida até colocou meu nome, "Flávio Augusto da Silva", em seu auditório!

Entenda uma coisa: as pessoas respeitam os seus RESULTADOS. Sua nacionalidade, cor da pele ou idade vêm em segundo plano.

Budget nas micro e MEI, o que acha disso?

Orçamento é importante até na vida de uma família, que dirá para uma empresa, seja ela de qual tamanho for.

O que te faz chorar de emoção? E o que te parte o coração de tristeza?

De emoção: alguém superando suas barreiras, sendo reconhecido por quem o desprezou e vencendo.
De tristeza: a injustiça.

Você acha que o pobre é pobre porque não se esforçou?

Não, não está relacionado a esforço. O pedreiro e o faxineiro se esforçam bastante e ainda assim continuam pobres.
A pobreza tem várias origens, sendo a mais frequente delas a herança da pobreza, passada de geração em geração. Porém, o indivíduo enquadrado nesse caso permanece pobre, porque tem pouco acesso a informação e porque não tem o conjunto de conhecimentos e habilidades necessários para deixar de ser pobre.
Como nasci em classe média-baixa, tecnicamente pobre, conheço bem os dois lados da moeda. Ninguém me contou.

Gosta de polenta frita e suco de melancia?

Sim. Gosto de ambos.
Gosto também de pastel e caldo de cana na feira, gosto de arroz e feijão (lembrando que lugar de feijão é por cima) e de churrasco.
Não gosto de nada tenha vinagre, não gosto de cerveja e de dobradinha.
Gosto de rock.
Toco violão, guitarra e contrabaixo.
Sou o dançarino mais descoordenado do mundo e canto muito mal.
Sou tímido, mas a timidez jamais me vence.

Sou gago e sinto que isso me atrapalha em tudo... o que me aconselha?

- Existem alguns tratamentos que resolvem ou amenizam.
- Se não houver solução, aceite-se. Você terá sucesso não porque é ou não é gago. Terá sucesso por sua convicção e postura. Tenha atitude.
- Mulheres vão te admirar por sua atitude. Profissionalmente você terá sucesso por sua atitude.
- Tenho um executivo comercial na Wiser Educação que é gago. Ele atropelou a gagueira.

Atropele ou seja atropelado.

Houve muita rotatividade na sua equipe nos primeiros anos?

Quando alguém desiste de trabalhar na sua empresa, na verdade, está desistindo de você. A pessoa pensa assim: "Ao lado desse cara eu não vou arrumar nada".

Às vezes, pode estar certo e o problema, de fato, está em você. Por outro lado, às vezes pode estar errado ao abandonar um projeto vitorioso e se arrependerá pelo resto da vida.

Imagine aqueles que abandonaram o navio do Steve Jobs? E os que não acreditaram em mim em 1995?

O tempo sempre mostra.

Como controlar a vaidade?

Nunca se esquecendo de que todos morreremos e ninguém escapará vivo daqui. Estamos aqui provisoriamente e seremos todos esquecidos em menos de duas gerações.

O que fazer quando o cliente diz que "está caro"?

Muito provavelmente você errou na sua apresentação e não ficou claro o bastante para o seu cliente que seu produto vale bem mais do que ele percebeu.

Se você tivesse uma agência de publicidade, o que faria para conquistar mais clientes?

Focaria numa proposta de remuneração 100% vinculada a resultados.

O que você acha do anarcocapitalismo? Seria possível ser implantado no Brasil?

O anarcocapitalismo e o comunismo são como aqueles carros-conceito lançados em salões do automóvel mundo afora. São lindos e incríveis, porém você nunca os verá circulando pelas ruas. Eles servem apenas de referência conceitual para aplicação prática em modelos que sejam de fato viáveis. Afinal, a realidade sempre se sobrepõe à utopia.

Ambição para você é algo intrínseco?

Ambição é fome. É algo que é possível alimentar dentro de você ou sufocar com crenças limitantes.

Como se sair bem em entrevista de estágio?

Vou revelar o que todo entrevistador quer ouvir para te contratar:
1. Estude a história da empresa antes da entrevista.
2. Em suas respostas, demonstre seu conhecimento sobre a empresa.
3. Elogie a coragem de seu fundador e demonstre identificação com a cultura da companhia.
4. Diga que você quer aprender com o sucesso da empresa.
5. Deixe claro que está disposto a gerar resultados e se tornar alguém que será importante e dará muito orgulho para a companhia no futuro.

Com esse roteiro e seus olhos brilhando, suas chances de ser contratado aumentarão pelo menos cinco vezes.

Você tem projetos sociais em atividade?

Sim, acredito em trabalho voluntário e em projetos que busquem encurtar a enorme distância que populações vulneráveis têm do mínimo de dignidade.

Além de dedicar o meu tempo aqui no GV, faço porque considero de grande impacto social, e também invisto dinheiro em doações a causas sociais com que me identifico.

Faço isso há mais de uma década, mas não divulgo como forma de publicidade.

Tem medo de ficar pobre?

Não. Se eu perder todo o dinheiro, continuarei rico. Minha riqueza não está relacionada a dinheiro. Na verdade, já era rico antes de ter dinheiro.

Ofereço aulas particulares. O que devo fazer para atingir as pessoas?

Você é professora ou uma sniper?
Presumo que você esteja se referindo a conseguir novos alunos. Anuncie e apareça. Além disso, seu bom trabalho vai atrair os coleguinhas dos seus alunos satisfeitos.

Você estuda todos os dias?

SIM . Sempre pesquiso sobre como solucionar um problema da vida real.

Qual é o seu CPF e o número do seu cartão?

Peraí que vou lá pegar. Na próxima página eu te falo.

Flávio, um sonho?

Olhar para trás e ter a certeza de que eu combati um bom combate e não perdi a minha essência. Até o fim.

Como precificar um serviço?

1. Saiba exatamente quanto custa para você entregar o seu serviço.
2. Decida qual é a margem que você gostaria de ter.
3. Compare com o mercado. Avalie se a margem que você gostaria de ter está alinhada com o preço final cobrado no mercado.
4. Se sua margem parecer estar alta demais, avalie agregar valor ao serviço oferecido de maneira que você atinja sua margem desejada.
5. Branding e qualidade do seu serviço ajudam a sustentar sua margem.
6. Não descontrole suas despesas para proteger sua margem.

Quais são as cinco principais habilidades que a escola não ensina?

1. Falar inglês e espanhol: doze anos de ensino Fundamental e Médio são tempo o suficiente para todas as pessoas falarem, no mínimo, mais dois idiomas com fluência.
2. Educação financeira: saber lidar com o dinheiro, compreender os conceitos básicos de investimentos e sobre gestão de um orçamento familiar são o mínimo que a escola deveria ensinar.
3. Habilidades para falar em público: todas as semanas, sem exceção, um treinamento de oratória a fim de desenvolver competências para falar em público. Essa prática deveria ser estimulada em sala de aula em vez de ser promovida a conhecida postura passiva por parte dos alunos, que recebem uma metralhadora de conteúdos vomitados diariamente.
4. Liderança: liderar é treino. Um processo estruturado com esse fim deveria desenvolver a competência de liderança dos alunos.
5. Redação: uma redação por dia durante os doze anos escolares. Aprender a se comunicar de forma concisa e clara por meio da escrita daria aos alunos uma competência valiosíssima para os desafios do século 21.

Se não posso ter BDR, posso substituir 25% em IVVB11?

SIM.

A ideia é você ter uma parte do seu dinheiro com exposição fora do país.

IVVB11 é um ETF* do S&P. Logo, você terá o equivalente às 500 das maiores empresas dos EUA com um aporte inicial baixo (:

*ETF = um "fundo de ações", mas negociado na bolsa.

Dono de empresa que atrasa comissão é...?

BURRO.

197

Acredita que a China vai ser a liderança mundial? Se sim, pensa em oferecer cursos de mandarim?

1. Sobre a China ser a liderança mundial: inevitavelmente a China terá o maior PIB global em cerca de uma década. No entanto, PIB/habitantes continuará menor. O IDH também é menor, bem como por lá há um menor índice de liberdade individual. Provavelmente, todos esses indicadores continuarão a crescer nas próximas décadas, com exceção da liberdade individual por ser uma ditadura.
2. Sobre ensinar mandarim: hoje, na China, há mais de 400 milhões de chineses estudando inglês. Tem mais chinês estudando inglês na China que americanos nos EUA. Outro fator é que há outros 400 milhões de chineses que não sabem falar mandarim. Falam outros dialetos. O mandarim é muito distante do restante do mundo que elegeu o inglês como idioma universal. Talvez em alguns séculos isso mude. Talvez.

Conclusão: não, não pretendo ensinar nem aprender mandarim.

Para a minha amiga que vende bolos

O básico para definir a estratégia de precificação preço × valor.

Antes de decidir qual é a melhor estratégia de precificação para o seu negócio, é preciso compreender a diferença entre dois conceitos básicos: preço e valor.

Apesar de muitas pessoas os verem como semelhantes, na verdade, são coisas bastante diferentes.

O preço é a medida monetária de determinado produto e/ou serviço. Ou seja, quantos reais (ou outros tipos de moeda) a pessoa deverá pagar ao término da negociação.

Já o valor é a importância que os clientes enxergam na sua solução. Isso significa que está ligado à expectativa das pessoas sobre o que é oferecido por você.

Assim, podem surgir empecilhos na hora da negociação, fazendo com que muitas vendas se percam pelo fato de o cliente não enxergar o valor da oferta. É a clássica objeção "isso está caro!", uma pedra no caminho de muitos vendedores.

Mostrar o valor é essencial para o sucesso de uma venda.

O que é edtech?

Bom, indo primeiro na raiz da coisa, o uso mais comum de edtech é como abreviação de "education technology" ou tecnologia educacional mesmo. São soluções que linkam a tecnologia à jornada dos stakeholders da educação: professores, alunos, administradores. Isso pode variar de um aplicativo simples para o aluno do ensino Fundamental aprender matemática a um sistema complexo de gestão de dados para administradores de instituições de ensino. Também podemos definir uma edtech como uma startup, uma empresa nova que, geralmente, atua com tecnologia no setor da educação. No entanto, isso não significa que todas as edtechs trabalhem na área de ensino e da aprendizagem, pois elas podem ser focadas no marketing, na administração e nas operações como um todo no contexto de instituições educacionais.

Se morasse na Austrália, lançaria curso no Brasil ou lá sobre marketing?

A internet não tem fronteiras. Temos 9.000 alunos nos EUA, além de outros em mais de 85 países. Escolha um local para começar e, daí, expanda o seu modelo validado.

O ser humano tem que ser controlado ou dá para confiar?

Confie, mas confira.

Como faço para vender no Instagram?

Para começar, siga esta estratégia: crie conteúdo relevante. Com tanta informação disponível online, você precisa diferenciar seu conteúdo para chamar a atenção de sua audiência.

Crie um conteúdo que seja relevante para seu consumidor no momento em que ele precisa. Isso significa que ficar o tempo todo apenas tentando fazer vendas provavelmente não será a melhor estratégia.

Uma maneira muito comum de fazer isso é com o marketing de conteúdo.

Uma sugestão minha é ter uma proporção 80/20 ou 90/10, ou seja, para cada 1 ou 2 posts de venda, 8 ou 9 posts de conteúdo relevante.

Marketing de conteúdo é baseado no gatilho da reciprocidade (uma arma da persuasão). As pessoas tendem a comprar de quem as ajudou antes.

Fez sentido?

Qual segmento é bom para começar a empreender do zero?

Aquele do qual você entende, no qual tem experiência e que deseja explorar com mais excelência.

Se perdesse tudo, empresa, dinheiro, e só não perdesse a família, o que faria?

Uma coisa que vocês precisam entender é que o meu maior patrimônio não são as empresas e o dinheiro que já conquistei. O meu maior ativo é o meu conhecimento (know-how). Com ele, eu faço tudo de novo quantas vezes quiser enquanto tiver saúde para recomeçar.

Esse conhecimento me dá liberdade. Se perdesse empresas e dinheiro, não precisaria arrumar um emprego. Quem domina vendas nunca mais precisa de um emprego. Nunca mais precisa vender suas horas, seu tempo (o ativo mais precioso) em troca de $$$ para pagar boletos.

Por isso divido conhecimentos aqui. Tenho a missão de te estimular a se libertar do sistema.

Você já alcançou seus objetivos?

Objetivo é um conceito variável. Sempre muda. Isso é o que nos mantém vivos.

Trinta e dois anos e sem faculdade. Dá tempo de virar o jogo ainda?

Tenho 47 e também não tenho faculdade. Estou pensando até em comprar uma, mas não tenho diploma...

Como fazer para que minha empresa não dependa da minha presença para seguir lucrando?

Pessoas treinadas, processos padronizados, tecnologia implantaca e o principal: você e seu time precisam estar maduros para funcionar.

Sua mulher não reclama que trabalha demais?

NÃO. Aqui em casa, trabalhar é coisa boa, tanto quanto viajar e passear.

Você mesmo que escreveu seus livros ou foi um jornalista após te entrevistar?

A série *Geração de Valor* inteira (1, 2 e 3) eu mesmo escrevi. No *Ponto de Inflexão* não consegui cumprir o prazo que tinha acordado com a Editora. Tínhamos combinado que se eu não conseguisse entregar os textos (minha preferência) até determinada data, um jornalista escreveria por mim. Topei. Quando me foram apresentados os textos do jornalista (que estavam bem-feitos), não consegui ler mais do que o primeiro capítulo. Não era eu. Pegamos firme eu e o editor da @buzzeditora, @andersoncavalcanteoficial, durante quinze madrugadas consecutivas. Eu mesmo escrevi enquanto o Anderson editava e mandava para a revisão. Finalizamos e lançamos dentro do prazo. Foi um best-seller. Foi, não. É.

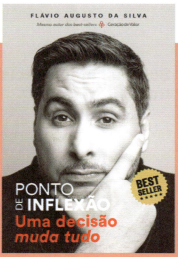

Se pudesse deixar um conselho para a nova geração, qual seria?

Vou deixar quatro:
1. Na política, cada partido ou político luta apenas pelo seu interesse. No vaivém ideológico, o Brasil será sempre o Brasil. Cuide de sua vida e da sua família. Não deposite nos políticos a sua esperança. Muitos farão isso e inevitavelmente se arrependerão. Não seja mais um.
2. O que importa é o amor. Ame as pessoas especiais da sua vida. Atribua a seu trabalho este significado. As pessoas que você ama serão o seu combustível para você trabalhar pelo sucesso dos seus projetos. Seu sucesso é um meio, não um fim.
3. Você vai morrer. Não deixe de viver por causa do medo de fracassar. Se deixar de viver por isso, esse será o seu maior fracasso. Ninguém escapa vivo daqui, mas a vida é um presente. Viva com coragem. Você não tem nada a perder. Aproveite cada segundo.
4. Deus > família > trabalho.

CRÉDITOS DAS IMAGENS

Arquivo pessoal Flávio Augusto da Silva: p. 11, 29, 124, 135, 136; Berilova Irida/Shutterstock: p. 36; Buzz Editora: p. 206; damedeeso/iStock: p. 64; Equipe Sérgio Mallandro/Bruna Issa: p. 194; Gearst/Shutterstock: p. 141; hideous410grapher/iStock: p. 44; Ian Dyball/iStock: p. 93; Jellopy/Shutterstock: p. 152; Kaspars Grinvalds/Shutterstock: p. 12; Kinga/Shutterstock: p. 80; Mariusz Stanosz/Shutterstock: p. 51; optimarc/Shutterstock: p. 50; Pavel1964/Shutterstock: p. 17; phanurak rubpol/Shutterstock: p. 56; Prostock-Studio/iStock: p. 97; Yeti studio/Shutterstock: p. 117

Fontes Aktiv Grotesk, Druk Medium
Papel Alta Alvura 90 g/m²